ARABISCH

WORTSCHATZ

FÜR DAS SELBSTSTUDIUM

DEUTSCH ARABISCH

Die nützlichsten Wörter
Zur Erweiterung Ihres Wortschatzes und
Verbesserung der Sprachfertigkeit

7000 Wörter

Wortschatz Deutsch-Ägyptisch-Arabisch für das Selbststudium - 7000 Wörter

Von Andrey Taranov

T&P Books Vokabelbücher sind dafür vorgesehen, beim Lernen einer Fremdsprache zu helfen, Wörter zu memorieren und zu wiederholen. Das Wörterbuch ist nach Themen aufgeteilt und deckt alle wichtigen Bereiche des täglichen Lebens, Berufs, Wissenschaft, Kultur etc. ab.

Durch das Benutzen der themenbezogenen T&P Books ergeben sich folgende Vorteile für den Lernprozess:

- Sachgemäß geordnete Informationen bestimmen den späteren Erfolg auf den darauffolgenden Stufen der Memorisierung
- Die Verfügbarkeit von Wörtern, die sich aus der gleichen Wurzel ableiten lassen, erlaubt die Memorisierung von Worteinheiten (mehr als bei einzeln stehenden Wörtern)
- Kleine Worteinheiten unterstützen den Aufbauprozess von assoziativen Verbindungen für die Festigung des Wortschatzes
- Die Kenntnis der Sprache kann aufgrund der Anzahl der gelernten Wörter eingeschätzt werden

T&P Books Publishing
www.tpbooks.com

ISBN: 978-1-78716-759-9

Dieses Buch ist auch im E-Book Format erhältlich.
Besuchen Sie uns auch auf www.tpbooks.com oder auf einer der bedeutenden Buchhandlungen online.

WORTSCHATZ DEUTSCH-ÄGYPTISCH-ARABISCH für das Selbststudium

Die Vokabelbücher von T&P Books sind dafür vorgesehen, Ihnen beim Lernen einer Fremdsprache zu helfen, Wörter zu memorieren und zu wiederholen. Der Wortschatz enthält über 7000 häufig gebrauchte, thematisch geordnete Wörter.

- Der Wortschatz enthält die am häufigsten benutzten Wörter
- Eignet sich als Ergänzung zu jedem Sprachkurs
- Erfüllt die Bedürfnisse von Anfängern und fortgeschrittenen Lernenden von Fremdsprachen
- Praktisch für den täglichen Gebrauch, zur Wiederholung und um sich selbst zu testen
- Ermöglicht es, Ihren Wortschatz einzuschätzen

Besondere Merkmale des Wortschatzes:

- Wörter sind entsprechend ihrer Bedeutung und nicht alphabetisch organisiert
- Wörter werden in drei Spalten präsentiert, um das Wiederholen und den Selbstüberprüfungsprozess zu erleichtern
- Wortgruppen werden in kleinere Einheiten aufgespalten, um den Lernprozess zu fördern
- Der Wortschatz bietet eine praktische und einfache Lautschrift jedes Wortes der Fremdsprache

Der Wortschatz hat 198 Themen, einschließlich:

Grundbegriffe, Zahlen, Farben, Monate, Jahreszeiten, Maßeinheiten, Kleidung und Accessoires, Essen und Ernährung, Restaurant, Familienangehörige, Verwandte, Charaktereigenschaften, Empfindungen, Gefühle, Krankheiten, Großstadt, Kleinstadt, Sehenswürdigkeiten, Einkaufen, Geld, Haus, Zuhause, Büro, Import & Export, Marketing, Arbeitssuche, Sport, Ausbildung, Computer, Internet, Werkzeug, Natur, Länder, Nationalitäten und vieles mehr...

INHALT

LEITFADEN FÜR DIE AUSSPRACHE

T&P phonetisches Alphabet	Ägyptisch-Arabisch Beispiel	Deutsch Beispiel
[a]	[ṭaffa] طفّى	schwarz
[ā]	[eχtār] إختار	Zahlwort
[e]	[setta] ستّة	Pferde
[i]	[minā'] ميناء	ihr, finden
[ī]	[ebrīl] إبريل	Wieviel
[o]	[oɣosṭos] أغسطس	orange
[ō]	[ḥalazōn] حلزون	groß
[u]	[kalkutta] كلكتا	kurz
[ū]	[gamūs] جاموس	über
[b]	[bedāya] بداية	Brille
[d]	[sa'āda] سعادة	Detektiv
[ḍ]	[waḍ'] وضع	pharyngalisiert [d]
[ʒ]	[arʒantīn] الأرجنتين	Regisseur
[ẓ]	[ẓahar] ظهر	pharyngalisiert [z]
[f]	[χafīf] خفيف	fünf
[g]	[bahga] بهجة	gelb
[h]	[ettegāh] إتّجاه	brauchbar
[ḥ]	[ḥabb] حبّ	pharyngalisiert [h]
[y]	[dahaby] ذهبي	Jacke
[k]	[korsy] كرسي	Kalender
[l]	[lammaḥ] لمّح	Juli
[m]	[marṣad] مرصد	Mitte
[n]	[ganūb] جنوب	Vorhang
[p]	[kaputʃino] كابتشينو	Polizei
[q]	[wasaq] وثق	Kobra
[r]	[roḥe] روح	richtig
[s]	[soχreya] سخرية	sein
[ṣ]	[me'ṣam] معصم	pharyngalisiert [s]
[ʃ]	['aʃā'] عشاء	Chance
[t]	[tanūb] تنوب	still
[ṭ]	[χarīṭa] خريطة	pharyngalisiert [t]
[θ]	[mamūθ] ماموث	stimmloser th-Laut
[v]	[vietnām] فيتنام	November
[w]	[wadda'] ودّع	schwanger
[χ]	[baχīl] بخيل	billig
[ɣ]	[etɣadda] إتغدّى	Vogel (Berlinerisch)
[z]	[me'za] معزة	sein

T&P phonetisches Alphabet	Ägyptisch-Arabisch Beispiel	Deutsch Beispiel
[ʿ] (ayn)	**[sabʿa]** سبعة	stimmhafte pharyngale Frikativ
[ʾ] (hamza)	**[saʾal]** سأل	Glottisschlag

ABKÜRZUNGEN
die im Vokabular verwendet werden

Ägyptisch-Arabisch. Abkürzungen

du	-	Plural-Nomen-(doppelt)
f	-	Femininum
m	-	Maskulinum
pl	-	Plural

Deutsch. Abkürzungen

Adj	-	Adjektiv
Adv	-	Adverb
Amtsspr.	-	Amtssprache
f	-	Femininum
f, n	-	Femininum, Neutrum
Fem.	-	Femininum
m	-	Maskulinum
m, f	-	Maskulinum, Femininum
m, n	-	Maskulinum, Neutrum
Mask.	-	Maskulinum
n	-	Neutrum
pl	-	Plural
Sg.	-	Singular
ugs.	-	umgangssprachlich
unzähl.	-	unzählbar
usw.	-	und so weiter
v mod	-	Modalverb
vi	-	intransitives Verb
vi, vt	-	intransitives, transitives Verb
vt	-	transitives Verb
zähl.	-	zählbar
z.B.	-	zum Beispiel

GRUNDBEGRIFFE

Grundbegriffe. Teil 1

1. Pronomen

ich	ana	أنا
du (Mask.)	enta	أنت
du (Fem.)	enty	أنت
er	howwa	هوّ
sie	hiya	هي
wir	eḥna	إحنا
ihr	antom	أنتم
sie	hamm	هم

2. Grüße. Begrüßungen. Verabschiedungen

Hallo! (Amtsspr.)	assalamu ʿalaykum!	السلام عليكم!
Guten Morgen!	ṣabāḥ el χeyr!	صباح الخير!
Guten Tag!	neharak saʿīd!	نهارك سعيد!
Guten Abend!	masā' el χeyr!	مساء الخير!
grüßen (vi, vt)	sallem	سلّم
Hallo! (ugs.)	ahlan!	أهلاً!
Gruß (m)	salām (m)	سلام
begrüßen (vt)	sallem ʿala	سلّم على
Wie geht's?	ezzayek?	ازّيك؟
Was gibt es Neues?	aχbārak eyh?	أخبارك ايه؟
Auf Wiedersehen!	maʿ el salāma!	مع السلامة!
Bis bald!	aʃūfak orayeb!	أشوفك قريب!
Lebe wohl! Leben Sie wohl!	maʿ el salāma!	مع السلامة!
sich verabschieden	waddaʿ	ودع
Tschüs!	bay bay!	باي باي!
Danke!	ʃokran!	شكراً!
Dankeschön!	ʃokran geddan!	شكراً جداً!
Bitte (Antwort)	el ʿafw	العفو
Keine Ursache.	la ʃokr ʿala wāgeb	لا شكر على واجب
Nichts zu danken.	el ʿafw	العفو
Entschuldige!	ʿan eznak!	عن إذنك!
Entschuldigung!	baʿd ezn ḥadretak!	بعد إذن حضرتك!
entschuldigen (vt)	ʿazar	عذر
sich entschuldigen	eʿtazar	أعتذر

Verzeihung!	ana 'āsef	أنا آسف
Es tut mir leid!	ana 'āsef!	أنا آسف!
verzeihen (vt)	'afa	عفا
bitte (Die Rechnung, ~!)	men faḍlak	من فضلك
Nicht vergessen!	ma tensāʃ!	ما تنساش!
Natürlich!	ṭab'an!	طبعاً!
Natürlich nicht!	la' ṭab'an!	لأ طبعاً!
Gut! Okay!	ettafa'na!	إتّفقنا!
Es ist genug!	kefāya!	كفاية!

3. Grundzahlen. Teil 1

null	ṣefr	صفر
eins	wāḥed	واحد
eine	waḥda	واحدة
zwei	etneyn	إتنين
drei	talāta	ثلاثة
vier	arba'a	أربعة
fünf	χamsa	خمسة
sechs	setta	ستّة
sieben	sab'a	سبعة
acht	tamanya	ثمانية
neun	tes'a	تسعة
zehn	'aʃara	عشرة
elf	ḥedāʃar	حداشر
zwölf	etnāʃar	إتناشر
dreizehn	talattāʃar	تلاتّاشر
vierzehn	arba'tāʃer	أربعتاشر
fünfzehn	χamastāʃer	خمستاشر
sechzehn	settāʃar	ستّاشر
siebzehn	saba'tāʃar	سبعتاشر
achtzehn	tamantāʃar	تمنتاشر
neunzehn	tes'atāʃar	تسعتاشر
zwanzig	'eʃrīn	عشرين
einundzwanzig	wāḥed we 'eʃrīn	واحد وعشرين
zweiundzwanzig	etneyn we 'eʃrīn	إتنين وعشرين
dreiundzwanzig	talāta we 'eʃrīn	ثلاثة وعشرين
dreißig	talatīn	ثلاثين
einunddreißig	wāḥed we talatīn	واحد وتلاتين
zweiunddreißig	etneyn we talatīn	إتنين وتلاتين
dreiunddreißig	talāta we talatīn	ثلاثة وثلاثين
vierzig	arbe'īn	أربعين
einundvierzig	wāḥed we arbe'īn	واحد وأربعين
zweiundvierzig	etneyn we arbe'īn	إتنين وأربعين
dreiundvierzig	talāta we arbe'īn	ثلاثة وأربعين
fünfzig	χamsīn	خمسين
einundfünfzig	wāḥed we χamsīn	واحد وخمسين

zweiundfünfzig	etneyn we χamsīn	إتنين وخمسين
dreiundfünfzig	talāta we χamsīn	ثلاثة وخمسين
sechzig	settīn	ستّين
einundsechzig	wāḥed we settīn	واحد وستّين
zweiundsechzig	etneyn we settīn	إتنين وستّين
dreiundsechzig	talāta we settīn	ثلاثة وستّين
siebzig	sab'īn	سبعين
einundsiebzig	wāḥed we sab'īn	واحد وسبعين
zweiundsiebzig	etneyn we sab'īn	إتنين وسبعين
dreiundsiebzig	talāta we sab'īn	ثلاثة وسبعين
achtzig	tamanīn	ثمانين
einundachtzig	wāḥed we tamanīn	واحد وتمانين
zweiundachtzig	etneyn we tamanīn	إتنين وتمانين
dreiundachtzig	talāta we tamanīn	ثلاثة وثمانين
neunzig	tes'īn	تسعين
einundneunzig	wāḥed we tes'īn	واحد وتسعين
zweiundneunzig	etneyn we tes'īn	إتنين وتسعين
dreiundneunzig	talāta we tes'īn	ثلاثة وتسعين

4. Grundzahlen. Teil 2

einhundert	miya	ميّة
zweihundert	meteyn	ميتين
dreihundert	toltomiya	تلتميّة
vierhundert	rob'omiya	ربعميّة
fünfhundert	χomsomiya	خمسميّة
sechshundert	sotomiya	ستميّة
siebenhundert	sob'omiya	سبعميّة
achthundert	tomnome'a	ثمنمئة
neunhundert	tos'omiya	تسعميّة
eintausend	alf	ألف
zweitausend	alfeyn	ألفين
dreitausend	talat 'ālāf	ثلاث آلاف
zehntausend	'aʃaret 'ālāf	عشرة آلاف
hunderttausend	mīt alf	ميت ألف
Million (f)	millyon (m)	مليون
Milliarde (f)	millyār (m)	مليار

5. Zahlen. Brüche

Bruch (m)	kasr (m)	كسر
Hälfte (f)	noṣṣ	نصّ
Drittel (n)	telt	ثلث
Viertel (n)	rob'	ربع
Achtel (m, n)	tomn	تمن
Zehntel (n)	'oʃr	عشر

zwei Drittel	teleyn	تلتين
drei Viertel	talātet arbāʿ	ثلاثة أرباع

6. Zahlen. Grundrechenarten

Subtraktion (f)	ṭarḥ (m)	طرح
subtrahieren (vt)	ṭaraḥ	طرح
Division (f)	ʾesma (f)	قسمة
dividieren (vt)	ʾasam	قسم
Addition (f)	gamʿ (m)	جمع
addieren (vt)	gamaʿ	جمع
hinzufügen (vt)	gamaʿ	جمع
Multiplikation (f)	ḍarb (m)	ضرب
multiplizieren (vt)	ḍarab	ضرب

7. Zahlen. Verschiedenes

Ziffer (f)	raqam (m)	رقم
Zahl (f)	ʿadad (m)	عدد
Zahlwort (n)	ʿadady (m)	عددي
Minus (n)	nāʾeṣ (m)	ناقص
Plus (n)	zāʾed (m)	زائد
Formel (f)	moʿadla (f)	معادلة
Berechnung (f)	ḥesāb (m)	حساب
zählen (vt)	ʿadd	عدّ
berechnen (vt)	ḥasab	حسب
vergleichen (vt)	qāran	قارن
Wie viel, -e?	kām?	كام؟
Summe (f)	magmūʿ (m)	مجموع
Ergebnis (n)	natīga (f)	نتيجة
Rest (m)	bāʾy (m)	باقي
einige (~ Tage)	kām	كام
wenig (Adv)	ʃewaya	شوية
Übrige (n)	el bāʾy (m)	الباقي
anderthalb	wāḥed w noṣṣ (m)	واحد ونصّ
Dutzend (n)	desta (f)	دستة
entzwei (Adv)	le noṣṣeyn	لنصّين
zu gleichen Teilen	bel tasāwy	بالتساوى
Hälfte (f)	noṣṣ (m)	نصّ
Mal (n)	marra (f)	مرّة

8. Die wichtigsten Verben. Teil 1

abbiegen (nach links ~)	ḥād	حاد
abschicken (vt)	arsal	أرسل

ändern (vt)	ɣayar	غيّر
andeuten (vt)	edda lamḥa	إدّى لمحة
Angst haben	χāf	خاف
ankommen (vi)	weṣel	وصل
antworten (vi)	gāwab	جاوب
arbeiten (vi)	eʃtaɣal	إشتغل
auf ... zählen	e'tamad 'ala ...	إعتمد على...
aufbewahren (vt)	ḥafaẓ	حفظ
aufschreiben (vt)	katab	كتب
ausgehen (vi)	χarag	خرج
aussprechen (vt)	naṭa'	نطق
bedauern (vt)	nedem	ندم
bedeuten (vt)	'aṣad	قصد
beenden (vt)	χallaṣ	خلّص
befehlen (Milit.)	amar	أمر
befreien (Stadt usw.)	ḥarrar	حرّر
beginnen (vt)	bada'	بدأ
bemerken (vt)	lāḥaẓ	لاحظ
beobachten (vt)	rāqab	راقب
berühren (vt)	lamas	لمس
besitzen (vt)	malak	ملك
besprechen (vt)	nā'eʃ	ناقش
bestehen auf	aṣarr	أصرّ
bestellen (im Restaurant)	ṭalab	طلب
bestrafen (vt)	'āqab	عاقب
beten (vi)	ṣalla	صلّى
bitten (vt)	ṭalab	طلب
brechen (vt)	kasar	كسر
denken (vi, vt)	fakkar	فكّر
drohen (vi)	hadded	هدّد
Durst haben	'āyez aʃrab	عايز أشرب
einladen (vt)	'azam	عزم
einstellen (vt)	baṭṭal	بطّل
einwenden (vt)	e'taraḍ	إعترض
empfehlen (vt)	naṣaḥ	نصح
erklären (vt)	ʃaraḥ	شرح
erlauben (vt)	samaḥ	سمح
ermorden (vt)	'atal	قتل
erwähnen (vt)	zakar	ذكر
existieren (vi)	kān mawgūd	كان موّجود

9. Die wichtigsten Verben. Teil 2

fallen (vi)	we'e'	وقع
fallen lassen	wa''a'	وقّع
fangen (vt)	mesek	مسك
finden (vt)	la'a	لقى

fliegen (vi)	ṭār	طار
folgen (Folge mir!)	tatabbaʿ	تتبّع
fortsetzen (vt)	wāṣel	واصل
fragen (vt)	saʾal	سأل
frühstücken (vi)	feṭer	فطر
geben (vt)	edda	إدّى
gefallen (vi)	ʿagab	عجب
gehen (zu Fuß gehen)	meʃy	مشي
gehören (vi)	χaṣṣ	خصّ
graben (vt)	ḥafar	حفر
haben (vt)	malak	ملك
helfen (vi)	sāʿed	ساعد
herabsteigen (vi)	nezel	نزل
hereinkommen (vi)	daχal	دخل
hoffen (vi)	tamanna	تمنّى
hören (vt)	semeʿ	سمع
hungrig sein	ʿāyez ʾākol	عايز آكل
informieren (vt)	ʾāl ly	قال لي
jagen (vi)	eṣṭād	اصطاد
kennen (vt)	ʿeref	عرف
klagen (vi)	ʃaka	شكا
können (v mod)	ʾeder	قدر
kontrollieren (vt)	et-ḥakkem	إتحكّم
kosten (vt)	kallef	كلّف
kränken (vt)	ahān	أهان
lächeln (vi)	ebtasam	إبتسم
lachen (vi)	ḍeḥek	ضحك
laufen (vi)	gery	جري
leiten (Betrieb usw.)	adār	أدار
lernen (vt)	daras	درس
lesen (vi, vt)	ʾara	قرأ
lieben (vt)	ḥabb	حبّ
machen (vt)	ʿamal	عمل
mieten (Haus usw.)	estʾgar	إستأجر
nehmen (vt)	aχad	أخد
noch einmal sagen	karrar	كرّر
nötig sein	maṭlūb	مطلوب
öffnen (vt)	fataḥ	فتح

10. Die wichtigsten Verben. Teil 3

planen (vt)	χaṭṭeṭ	خطّط
prahlen (vi)	tabāha	تباهى
raten (vt)	naṣaḥ	نصح
rechnen (vt)	ʿadd	عدّ
reservieren (vt)	ḥagaz	حجز
retten (vt)	anqaz	أنقذ

richtig raten (vt)	χammen	خمّن
rufen (um Hilfe ~)	estaɣās	إستغاث
sagen (vt)	'āl	قال
schaffen (Etwas Neues zu ~)	'amal	عمل
schelten (vt)	wabbeχ	وبّخ
schießen (vi)	ḍarab bel nār	ضرب بالنار
schmücken (vt)	zayen	زيّن
schreiben (vi, vt)	katab	كتب
schreien (vi)	ṣarraχ	صرّخ
schweigen (vi)	seket	سكت
schwimmen (vi)	'ām	عام
schwimmen gehen	sebeḥ	سبح
sehen (vi, vt)	ʃāf	شاف
sein (vi)	kān	كان
sich beeilen	esta'gel	إستعجل
sich entschuldigen	e'tazar	إعتذر
sich interessieren	ehtamm be	إهتمّ بـ
sich irren	ɣeleṭ	غلط
sich setzen	'a'ad	قعد
sich weigern	rafaḍ	رفض
spielen (vi, vt)	le'eb	لعب
sprechen (vi)	kallem	كلّم
staunen (vi)	etfāge'	إتفاجئ
stehlen (vt)	sara'	سرق
stoppen (vt)	wa''af	وقّف
suchen (vt)	dawwar 'ala	دوّر على

11. Die wichtigsten Verben. Teil 4

täuschen (vt)	χada'	خدع
teilnehmen (vi)	ʃārek	شارك
übersetzen (Buch usw.)	targem	ترجم
unterschätzen (vt)	estaχaff	إستخفّ
unterschreiben (vt)	waqqa'	وقّع
vereinigen (vt)	waḥḥed	وحّد
vergessen (vt)	nesy	نسي
vergleichen (vt)	qāran	قارن
verkaufen (vt)	bā'	باع
verlangen (vt)	ṭāleb	طالب
versäumen (vt)	ɣāb	غاب
versprechen (vt)	wa'ad	وعد
verstecken (vt)	χabba	خبّأ
verstehen (vt)	fehem	فهم
versuchen (vt)	ḥāwel	حاول
verteidigen (vt)	dāfa'	دافع
vertrauen (vi)	wasaq	وثق

verwechseln (vt)	etlaχbaṭ	إتلخبط
verzeihen (vt)	ʿafa	عفا
voraussehen (vt)	tanabbaʾ	تنبّأ
vorschlagen (vt)	ʿaraḍ	عرض
vorziehen (vt)	faḍḍal	فضّل
wählen (vt)	eχtār	إختار
warnen (vt)	ḥazzar	حذّر
warten (vi)	estanna	إستنّى
weinen (vi)	baka	بكى
wissen (vt)	ʿeref	عرف
Witz machen	hazzar	هزّر
wollen (vt)	ʿāyez	عايز
zahlen (vt)	dafaʿ	دفع
zeigen (jemandem etwas)	warra	ورّى
zu Abend essen	etʿaʃa	إتعشّى
zu Mittag essen	etɣadda	إتغدّى
zubereiten (vt)	ḥaḍḍar	حضّر
zustimmen (vi)	ettafaʾ	إتّفق
zweifeln (vi)	ʃakk fe	شكّ في

12. Farben

Farbe (f)	lone (m)	لون
Schattierung (f)	daraget el lōn (m)	درجة اللون
Farbton (m)	ṣabɣet lōn (f)	صبغة اللون
Regenbogen (m)	qose qozaḥ (m)	قوس قزح
weiß	abyaḍ	أبيض
schwarz	aswad	أسود
grau	romādy	رمادي
grün	aχḍar	أخضر
gelb	aṣfar	أصفر
rot	aḥmar	أحمر
blau	azraʾ	أزرق
hellblau	azraʾ fāteḥ	أزرق فاتح
rosa	wardy	وردي
orange	bortoqāly	برتقاليّ
violett	banaffsegy	بنفسجي
braun	bonny	بنّي
golden	dahaby	ذهبي
silbrig	feḍḍy	فضّي
beige	bɛːʒ	بيج
cremefarben	ʿāgy	عاجي
türkis	fayrūzy	فيروزي
kirschrot	aḥmar karazy	أحمر كرزي
lila	laylaky	ليّلكي
himbeerrot	qormozy	قرمزي

hell	fāteḥ	فاتح
dunkel	ɣāme'	غامق
grell	zāhy	زاهي
Farb- (z.B. -stifte)	melawwen	ملوّن
Farb- (z.B. -film)	melawwen	ملوّن
schwarz-weiß	abyaḍ we aswad	أبيض وأسوّد
einfarbig	sāda	سادة
bunt	mota'added el alwān	متعددّ الألوان

13. Fragen

Wer?	mīn?	مين؟
Was?	eyh?	ايه؟
Wo?	feyn?	فين؟
Wohin?	feyn?	فين؟
Woher?	meneyn?	منين؟
Wann?	emta	امتى؟
Wozu?	'aʃān eyh?	عشان ايه؟
Warum?	leyh?	ليه؟
Wofür?	l eyh?	لـ ليه؟
Wie?	ezāy?	إزاي؟
Welcher?	eyh?	ايه؟
Wem?	le mīn?	لمين؟
Über wen?	'an mīn?	عن مين؟
Wovon? (~ sprichst du?)	'an eyh?	عن ايه؟
Mit wem?	ma' mīn?	مع مين؟
Wie viel? Wie viele?	kām?	كام؟
Wessen?	betā'et mīn?	بتاعت مين؟

14. Funktionswörter. Adverbien. Teil 1

Wo?	feyn?	فين؟
hier	hena	هنا
dort	henāk	هناك
irgendwo	fe makānen ma	في مكان ما
nirgends	meʃ fi ayī makān	مش في أيّ مكان
an (bei)	ganb	جنب
am Fenster	ganb el ʃebbāk	جنب الشبّاك
Wohin?	feyn?	فين؟
hierher	hena	هنا
dahin	henāk	هناك
von hier	men hena	من هنا
von da	men henāk	من هناك
nah (Adv)	'arīb	قريب
weit, fern (Adv)	be'īd	بعيد

in der Nähe von ...	'and	عند
in der Nähe	'arīb	قريب
unweit (~ unseres Hotels)	meʃ be'īd	مش بعيد
link (Adj)	el ʃemāl	الشمال
links (Adv)	'alal ʃemāl	على الشمال
nach links	lel ʃemāl	للشمال
recht (Adj)	el yemīn	اليمين
rechts (Adv)	'alal yemīn	على اليمين
nach rechts	lel yemīn	لليمين
vorne (Adv)	'oddām	قدّام
Vorder-	amāmy	أمامي
vorwärts	ela el amām	إلى الأمام
hinten (Adv)	wara'	وراء
von hinten	men wara	من وَرا
rückwärts (Adv)	le wara	لوَرا
Mitte (f)	wasaṭ (m)	وسط
in der Mitte	fel wasaṭ	في الوسط
seitlich (Adv)	'ala ganb	على جنب
überall (Adv)	fe kol makān	في كل مكان
ringsherum (Adv)	ḥawaleyn	حوالين
von innen (Adv)	men gowwah	من جوّه
irgendwohin (Adv)	le 'ayī makān	لأي مكان
geradeaus (Adv)	'ala ṭūl	على طول
zurück (Adv)	rogū'	رجوع
irgendwoher (Adv)	men ayī makān	من أيّ مكان
von irgendwo (Adv)	men makānen mā	من مكان ما
erstens	awwalan	أوّلاً
zweitens	sāneyan	ثانياً
drittens	sālesan	ثالثاً
plötzlich (Adv)	fag'a	فجأة
zuerst (Adv)	fel bedāya	في البداية
zum ersten Mal	le 'awwel marra	لأوّل مرّة
lange vor...	'abl ... be modda ṭawīla	قبل... بمدة طويلة
von Anfang an	men gedīd	من جديد
für immer	lel abad	للأبد
nie (Adv)	abadan	أبداً
wieder (Adv)	tāny	تاني
jetzt (Adv)	delwa'ty	دلوقتي
oft (Adv)	ketīr	كثير
damals (Adv)	wa'taha	وقتها
dringend (Adv)	'ala ṭūl	على طول
gewöhnlich (Adv)	'ādatan	عادةً
übrigens, ...	'ala fekra ...	على فكرة...
möglicherweise (Adv)	momken	ممكن

wahrscheinlich (Adv)	momken	ممكن
vielleicht (Adv)	momken	ممكن
außerdem ...	bel eḍāfa ela ...	بالإضافة إلى...
deshalb ...	'aʃān keda	عشان كده
trotz ...	bel raɣm men ...	بالرغم من...
dank ...	be faḍl ...	بفضل...
was (~ ist denn?)	elly	إللي
das (~ ist alles)	ennu	إنّه
etwas	ḥāga (f)	حاجة
irgendwas	ayī ḥāga (f)	أيّ حاجة
nichts	wala ḥāga	ولا حاجة
wer (~ ist ~?)	elly	إللي
jemand	ḥadd	حدّ
irgendwer	ḥadd	حدّ
niemand	wala ḥadd	ولا حدّ
nirgends	meʃ le wala makān	مش لـ ولا مكان
niemandes (~ Eigentum)	wala ḥadd	ولا حدّ
jemandes	le ḥadd	لحدّ
so (derart)	geddan	جداً
auch	kamān	كمان
ebenfalls	kamān	كمان

15. Funktionswörter. Adverbien. Teil 2

Warum?	leyh?	ليه؟
aus irgendeinem Grund	le sabeben ma	لسبب ما
weil ...	'aʃān ...	... عشان
zu irgendeinem Zweck	le hadafen mā	لهدف ما
und	w	و
oder	walla	ولّلا
aber	bass	بسّ
für (präp)	'aʃān	عشان
zu (~ viele)	ketīr geddan	كتير جدّاً
nur (~ einmal)	bass	بسّ
genau (Adv)	bel ḍabṭ	بالضبط
etwa	naḥw	نحو
ungefähr (Adv)	naḥw	نحو
ungefähr (Adj)	taqrīby	تقريبي
fast	ta'rīban	تقريباً
Übrige (n)	el bā'y (m)	الباقي
jeder (~ Mann)	koll	كلّ
beliebig (Adj)	ayī	أيّ
viel	ketīr	كتير
viele Menschen	nās ketīr	ناس كتير
alle (wir ~)	koll el nās	كلّ الناس
im Austausch gegen ...	fi moqābel ...	... في مقابل

dafür (Adv)	fe moqābel	في مقابل
mit der Hand (Hand-)	bel yad	باليد
schwerlich (Adv)	bel kād	بالكاد
wahrscheinlich (Adv)	momken	ممكن
absichtlich (Adv)	bel ʾaṣd	بالقصد
zufällig (Adv)	bel ṣodfa	بالصدفة
sehr (Adv)	ʾawy	قويّ
zum Beispiel	masalan	مثلاً
zwischen	beyn	بين
unter (Wir sind ~ Mördern)	wesṭ	وسط
so viele (~ Ideen)	ketīr	كتير
besonders (Adv)	χāṣṣa	خاصّة

Grundbegriffe. Teil 2

16. Wochentage

Montag (m)	el etneyn (m)	الإتنين
Dienstag (m)	el talāt (m)	التلات
Mittwoch (m)	el arbeʿā' (m)	الأربعاء
Donnerstag (m)	el χamīs (m)	الخميس
Freitag (m)	el gomʿa (m)	الجمعة
Samstag (m)	el sabt (m)	السبت
Sonntag (m)	el aḥad (m)	الأحد
heute	el naharda	النهارده
morgen	bokra	بكرة
übermorgen	baʿd bokra (m)	بعد بكرة
gestern	embāreḥ	امبارح
vorgestern	awwel embāreḥ	أوّل امبارح
Tag (m)	yome (m)	يوم
Arbeitstag (m)	yome ʿamal (m)	يوم عمل
Feiertag (m)	agāza rasmiya (f)	أجازة رسميّة
freier Tag (m)	yome el agāza (m)	يوم أجازة
Wochenende (n)	nehāyet el osbūʿ (f)	نهاية الأسبوع
den ganzen Tag	ṭūl el yome	طول اليوم
am nächsten Tag	fel yome elly baʿdīh	في اليوم اللي بعديه
zwei Tage vorher	men yomeyn	من يومين
am Vortag	fel yome elly 'ablo	في اليوم اللي قبله
täglich (Adj)	yawmy	يومي
täglich (Adv)	yawmiyan	يومياً
Woche (f)	osbūʿ (m)	أسبوع
letzte Woche	el esbūʿ elly fāt	الأسبوع اللي فات
nächste Woche	el esbūʿ elly gayī	الأسبوع اللي جاي
wöchentlich (Adj)	osbūʿy	أسبوعي
wöchentlich (Adv)	osbūʿiyan	أسبوعياً
zweimal pro Woche	marreteyn fel osbūʿ	مرّتين في الأسبوع
jeden Dienstag	koll solasā'	كلّ ثلاثاء

17. Stunden. Tag und Nacht

Morgen (m)	ṣobḥ (m)	صبح
morgens	fel ṣobḥ	في الصبح
Mittag (m)	ẓohr (m)	ظهر
nachmittags	baʿd el ḍohr	بعد الظهر
Abend (m)	leyl (m)	ليل
abends	bel leyl	بالليل

Nacht (f)	leyl (m)	ليل
nachts	bel leyl	بالليل
Mitternacht (f)	noṣṣ el leyl (m)	نصّ الليل
Sekunde (f)	sanya (f)	ثانية
Minute (f)	deT'a (f)	دقيقة
Stunde (f)	sā'a (f)	ساعة
eine halbe Stunde	noṣṣ sā'a (m)	نصّ ساعة
Viertelstunde (f)	rob' sā'a (f)	ربع ساعة
fünfzehn Minuten	χamastāʃer deT'a	خمستاشر دقيقة
Tag und Nacht	arba'a we 'eʃrīn sā'a	أربعة وعشرين ساعة
Sonnenaufgang (m)	ʃorū' el ʃams (m)	شروق الشمس
Morgendämmerung (f)	fagr (m)	فجر
früher Morgen (m)	ṣobḥ badry (m)	صبح بدري
Sonnenuntergang (m)	ɣorūb el ʃams (m)	غروب الشمس
früh am Morgen	el ṣobḥ badry	الصبح بدري
heute Morgen	el naharda el ṣobḥ	النهاردة الصبح
morgen früh	bokra el ṣobḥ	بكرة الصبح
heute Mittag	el naharda ba'd el ḍohr	النهاردة بعد الظهر
nachmittags	ba'd el ḍohr	بعد الظهر
morgen Nachmittag	bokra ba'd el ḍohr	بكرة بعد الظهر
heute Abend	el naharda bel leyl	النهاردة بالليل
morgen Abend	bokra bel leyl	بكرة بالليل
Punkt drei Uhr	es sā'a talāta bel ḍabṭ	الساعة تلاتة بالضبط
gegen vier Uhr	es sā'a arba'a ta'rīban	الساعة أربعة تقريبا
um zwölf Uhr	ḥatt es sā'a etnāʃar	حتى الساعة إتناشر
in zwanzig Minuten	fe χelāl 'eʃrīn de'ee'a	في خلال عشرين دقيقة
in einer Stunde	fe χelāl sā'a	في خلال ساعة
rechtzeitig (Adv)	fe maw'edo	في موعده
Viertel vor …	ella rob'	إلّا ربع
innerhalb einer Stunde	χelāl sā'a	خلال ساعة
alle fünfzehn Minuten	koll rob' sā'a	كلّ ربع ساعة
Tag und Nacht	leyl nahār	ليل نهار

18. Monate. Jahreszeiten

Januar (m)	yanāyer (m)	يناير
Februar (m)	febrāyer (m)	فبراير
März (m)	māres (m)	مارس
April (m)	ebrīl (m)	إبريل
Mai (m)	māyo (m)	مايو
Juni (m)	yonyo (m)	يونيو
Juli (m)	yolyo (m)	يوليو
August (m)	oɣosṭos (m)	أغسطس
September (m)	sebtamber (m)	سبتمبر
Oktober (m)	oktober (m)	أكتوبر
November (m)	november (m)	نوفمبر

Dezember (m)	desember (m)	ديسمبر
Frühling (m)	rabee' (m)	ربيع
im Frühling	fel rabee'	في الربيع
Frühlings-	rabee'y	ربيعي
Sommer (m)	ṣeyf (m)	صيف
im Sommer	fel ṣeyf	في الصيف
Sommer-	ṣeyfy	صيفي
Herbst (m)	χarīf (m)	خريف
im Herbst	fel χarīf	في الخريف
Herbst-	χarīfy	خريفي
Winter (m)	ʃetā' (m)	شتاء
im Winter	fel ʃetā'	في الشتاء
Winter-	ʃetwy	شتوي
Monat (m)	ʃahr (m)	شهر
in diesem Monat	fel ʃahr da	في الشهر ده
nächsten Monat	el ʃahr el gayī	الشهر الجاي
letzten Monat	el ʃahr elly fāt	الشهر اللي فات
vor einem Monat	men ʃahr	من شهر
über eine Monat	ba'd ʃahr	بعد شهر
in zwei Monaten	ba'd ʃahreyn	بعد شهرين
den ganzen Monat	ṭawāl el ʃahr	طوال الشهر
monatlich (Adj)	ʃahry	شهري
monatlich (Adv)	ʃahry	شهري
jeden Monat	koll ʃahr	كلّ شهر
zwelmal pro Monat	marreteyn fel ʃahr	مرّتين في الشهر
Jahr (n)	sana (f)	سنة
dieses Jahr	el sana di	السنة دي
nächstes Jahr	el sana el gaya	السنة الجاية
voriges Jahr	el sana elly fātet	السنة اللي فاتت
vor einem Jahr	men sana	من سنة
in einem Jahr	ba'd sana	بعد سنة
in zwei Jahren	ba'd sanateyn	بعد سنتين
das ganze Jahr	ṭūl el sana	طول السنة
jedes Jahr	koll sana	كلّ سنة
jährlich (Adj)	sanawy	سنوي
jährlich (Adv)	koll sana	كلّ سنة
viermal pro Jahr	arba' marrāt fel sana	أربع مرات في السنة
Datum (heutige ~)	tarīχ (m)	تاريخ
Datum (Geburts-)	tarīχ (m)	تاريخ
Kalender (m)	natīga (f)	نتيجة
ein halbes Jahr	noṣṣ sana	نصّ سنة
Halbjahr (n)	settet aʃ-hor (f)	ستّة أشهر
Saison (f)	faṣl (m)	فصل
Jahrhundert (n)	qarn (m)	قرن

19. Zeit. Verschiedenes

Zeit (f)	wa'ʾt (m)	وقت
Augenblick (m)	laḥza (f)	لحظة
Moment (m)	laḥza (f)	لحظة
augenblicklich (Adj)	laḥza	لحظة
Zeitspanne (f)	fatra (f)	فترة
Leben (n)	ḥayah (f)	حياة
Ewigkeit (f)	abadiya (f)	أبديّة
Epoche (f)	ʿahd (m)	عهد
Ära (f)	ʿaṣr (m)	عصر
Zyklus (m)	dawra (f)	دوّرة
Periode (f)	fatra (f)	فترة
Frist (äußerste ~)	fatra (f)	فترة
Zukunft (f)	el mostaqbal (m)	المستقبل
zukünftig (Adj)	elly gayī	اللي جاي
nächstes Mal	el marra el gaya	المرّة الجايّة
Vergangenheit (f)	el māḍy (m)	الماضي
vorig (Adj)	elly fāt	اللي فات
letztes Mal	el marra elly fātet	المرّة اللي فاتت
später (Adv)	baʿdeyn	بعدين
danach	baʿd	بعد
zur Zeit	el ayām di	الأيام دي
jetzt	delwaʾty	دلوقتي
sofort	ḥālan	حالاً
bald	ʾarīb	قريب
im Voraus	moʾaddaman	مقدّماً
lange her	men zamān	من زمان
vor kurzem	men ʾorayeb	من قريّب
Schicksal (n)	maṣīr (m)	مصير
Erinnerungen (pl)	zekra (f)	ذكرى
Archiv (n)	arʃīf (m)	أرشيف
während ...	esnāʾ...	إثناء...
lange (Adv)	modda ṭawīla	مدّة طويلة
nicht lange (Adv)	le fatra ʾaṣīra	لفترة قصيرة
früh (~ am Morgen)	badry	بدري
spät (Adv)	metʾakχer	متأخر
für immer	lel abad	للأبد
beginnen (vt)	badaʾ	بدأ
verschieben (vt)	aggel	أجّل
gleichzeitig	fe nafs el waqt	في نفس الوقت
ständig (Adv)	be ʃakl dāʾem	بشكل دائم
konstant (Adj)	mostamerr	مستمرّ
zeitweilig (Adj)	moʾakkatan	مؤقتاً
manchmal	saʿāt	ساعات
selten (Adv)	nāderan	نادراً
oft	ketīr	كثير

20. Gegenteile

reich (Adj)	ɣany	غني
arm (Adj)	fa'īr	فقير
krank (Adj)	marīḍ	مريض
gesund (Adj)	salīm	سليم
groß (Adj)	kebīr	كبير
klein (Adj)	ṣaɣīr	صغير
schnell (Adv)	bosor'a	بسرعة
langsam (Adv)	bo boṭ'	ببطء
schnell (Adj)	saree'	سريع
langsam (Adj)	baṭī'	بطيء
froh (Adj)	farḥān	فرحان
traurig (Adj)	ḥazīn	حزين
zusammen	ma' ba'ḍ	مع بعض
getrennt (Adv)	le waḥdo	لوحده
laut (~ lesen)	beṣote 'āly	بصوت عالي
still (~ lesen)	beṣamt	بصمت
hoch (Adj)	'āly	عالي
niedrig (Adj)	wāṭy	واطي
tief (Adj)	'amīq	عميق
flach (Adj)	ḍaḥl	ضحل
ja	aywa	أيوه
nein	la'	لأ
fern (Adj)	be'īd	بعيد
nah (Adj)	'arīb	قريب
weit (Adv)	be'īd	بعيد
nebenan (Adv)	'arīb	قريب
lang (Adj)	ṭawīl	طويل
kurz (Adj)	'aṣīr	قصير
gut (gütig)	ṭayeb	طيّب
böse (der ~ Geist)	ʃerrīr	شرير
verheiratet (Ehemann)	metgawwez	متجوّز
ledig (Adj)	a'zab	أعزب
verbieten (vt)	mana'	منع
erlauben (vt)	samaḥ	سمح
Ende (n)	nehāya (f)	نهاية
Anfang (m)	bedāya (f)	بداية

link (Adj)	el ʃemāl	الشمال
recht (Adj)	el yemīn	اليمين
der erste	awwel	أوّل
der letzte	ʾāχer	آخر
Verbrechen (n)	garīma (f)	جريمة
Bestrafung (f)	ʿeqāb (m)	عقاب
befehlen (vt)	amar	أمر
gehorchen (vi)	ṭāʿ	طاع
gerade (Adj)	mostaqīm	مستقيم
krumm (Adj)	monḥany	منحني
Paradies (n)	el ganna (f)	الجنّة
Hölle (f)	el gaḥīm (f)	الجحيم
geboren sein	etwalad	إتولّد
sterben (vi)	māt	مات
stark (Adj)	ʾawy	قوّي
schwach (Adj)	ḍaʿīf	ضعيف
alt	ʿagūz	عجوز
jung (Adj)	ʃāb	شاب
alt (Adj)	ʾadīm	قديم
neu (Adj)	gedīd	جديد
hart (Adj)	ṣalb	صلب
weich (Adj)	ṭary	طري
warm (Adj)	dāfy	دافي
kalt (Adj)	bāred	بارد
dick (Adj)	teχīn	تخين
mager (Adj)	rofayaʿ	رفيّع
eng (Adj)	ḍayeʾ	ضيّق
breit (Adj)	wāseʿ	واسع
gut (Adj)	kewayes	كويّس
schlecht (Adj)	weḥeʃ	وحش
tapfer (Adj)	ʃogāʿ	شجاع
feige (Adj)	gabān	جبان

21. Linien und Formen

Quadrat (n)	morabbaʿ (m)	مربّع
quadratisch	morabbaʿ	مربع
Kreis (m)	dayra (f)	دايرة
rund	medawwar	مدوّر

Dreieck (n)	mosallas (m)	مثلّث
dreieckig	mosallasy el ʃakl	مثلّثي الشكل
Oval (n)	bayḍawy (m)	بيضويّ
oval	bayḍawy	بيضويّ
Rechteck (n)	mostaṭīl (m)	مستطيل
rechteckig	mostaṭīly	مستطيلي
Pyramide (f)	haram (m)	هرم
Rhombus (m)	moʿayen (m)	معيّن
Trapez (n)	ʃebh el monḥaref (m)	شبه المنحرف
Würfel (m)	mokaʿab (m)	مكعّب
Prisma (n)	manʃūr (m)	منشور
Kreis (m)	moḥīṭ monḥany moɣlaq (m)	محيط منحنى مغلق
Sphäre (f)	kora (f)	كرة
Kugel (f)	kora (f)	كرة
Durchmesser (m)	qaṭr (m)	قطر
Radius (m)	noṣṣ qaṭr (m)	نصّ قطر
Umfang (m)	moḥīṭ (m)	محيط
Zentrum (n)	wasaṭ (m)	وسط
waagerecht (Adj)	ofoqy	أفقي
senkrecht (Adj)	ʿamūdy	عمودي
Parallele (f)	motawāz (m)	متواز
parallel (Adj)	motawāzy	متوازي
Linie (f)	χaṭṭ (m)	خطّ
Strich (m)	ḥaraka (m)	حركة
Gerade (f)	χaṭṭ mostaqīm (m)	خطّ مستقيم
Kurve (f)	χaṭṭ monḥany (m)	خطّ منحني
dünn (schmal)	rofayaʿ	رفيّع
Kontur (f)	kontūr (m)	كنتور
Schnittpunkt (m)	taqāṭoʿ (m)	تقاطع
rechter Winkel (m)	zawya mostaqīma (f)	زاوية مستقيمة
Segment (n)	ʾeṭʿa (f)	قطعة
Sektor (m)	qaṭāʿ (m)	قطاع
Seite (f)	gāneb (m)	جانب
Winkel (m)	zawya (f)	زاوية

22. Maßeinheiten

Gewicht (n)	wazn (m)	وزن
Länge (f)	ṭūl (m)	طول
Breite (f)	ʿarḍ (m)	عرض
Höhe (f)	ertefāʿ (m)	إرتفاع
Tiefe (f)	ʿomq (m)	عمق
Volumen (n)	ḥagm (m)	حجم
Fläche (f)	mesāḥa (f)	مساحة
Gramm (n)	gram (m)	جرام
Milligramm (n)	milligrām (m)	مليغرام
Kilo (n)	kilogrām (m)	كيلوغرام

Tonne (f)	ṭenn (m)	طنّ
Pfund (n)	reṭl (m)	رطل
Unze (f)	onṣa (f)	أونصة
Meter (m)	metr (m)	متر
Millimeter (m)	millimetr (m)	ملّيمتر
Zentimeter (m)	santimetr (m)	سنتيمتر
Kilometer (m)	kilometr (m)	كيلومتر
Meile (f)	mīl (m)	ميل
Zoll (m)	boṣa (f)	بوصة
Fuß (m)	'adam (m)	قدم
Yard (n)	yarda (f)	ياردة
Quadratmeter (m)	metr morabba' (m)	متر مربّع
Hektar (n)	hektār (m)	هكتار
Liter (m)	litre (m)	لتر
Grad (m)	daraga (f)	درجة
Volt (n)	volt (m)	فولت
Ampere (n)	ambere (m)	أمبير
Pferdestärke (f)	ḥoṣān (m)	حصان
Anzahl (f)	kemiya (f)	كميّة
etwas ...	ʃewayet ...	شويّة...
Hälfte (f)	noṣṣ (m)	نصّ
Dutzend (n)	desta (f)	دستة
Stück (n)	waḥda (f)	وحدة
Größe (f)	ḥagm (m)	حجم
Maßstab (m)	me'yās (m)	مقياس
minimal (Adj)	el adna	الأدنى
der kleinste	el aṣɣar	الأصغر
mittler, mittel-	motawasseṭ	متوّسط
maximal (Adj)	el aqṣa	الأقصى
der größte	el akbar	الأكبر

23. Behälter

Glas (Einmachglas)	barṭamān (m)	برطمان
Dose (z.B. Bierdose)	kanz (m)	كانز
Eimer (m)	gardal (m)	جردل
Fass (n), Tonne (f)	barmīl (m)	برميل
Waschschüssel (n)	ḥoḍe lel ɣasīl (m)	حوض للغسيل
Tank (m)	χazzān (m)	خزّان
Flachmann (m)	zamzamiya (f)	زمزميّة
Kanister (m)	ʒerken (m)	جركن
Zisterne (f)	χazzān (m)	خزّان
Kaffeebecher (m)	mugg (m)	ماجّ
Tasse (f)	fengān (m)	فنجان
Untertasse (f)	ṭaba' fengān (m)	طبق فنجان

Wasserglas (n)	kobbāya (f)	كوبّاية
Weinglas (n)	kāsa (f)	كاسة
Kochtopf (m)	ḥalla (f)	حلّة
Flasche (f)	ezāza (f)	إزازة
Flaschenhals (m)	'onq (m)	عنق
Karaffe (f)	dawra' zogāgy (m)	دوّرق زجاجي
Tonkrug (m)	ebrī' (m)	إبريق
Gefäß (n)	we'ā' (m)	وعاء
Tontopf (m)	aṣīṣ (m)	أصيص
Vase (f)	vāza (f)	فازة
Flakon (n)	ezāza (f)	إزازة
Fläschchen (n)	ezāza (f)	إزازة
Tube (z.B. Zahnpasta)	anbūba (f)	أنبوبة
Sack (~ Kartoffeln)	kīs (m)	كيس
Tüte (z.B. Plastiktüte)	kīs (m)	كيس
Schachtel (f) (z.B. Zigaretten~)	'elba (f)	علبة
Karton (z.B. Schuhkarton)	'elba (f)	علبة
Kiste (z.B. Bananenkiste)	ṣandū' (m)	صندوق
Korb (m)	salla (f)	سلّة

24. Werkstoffe

Stoff (z.B. Baustoffe)	madda (f)	مادّة
Holz (n)	χaʃab (m)	خشب
hölzern	χaʃaby	خشبي
Glas (n)	ezāz (m)	إزاز
gläsern, Glas-	ezāz	إزاز
Stein (m)	ḥagar (m)	حجر
steinern	ḥagary	حجري
Kunststoff (m)	blastik (m)	بلاستيك
Kunststoff-	men el blastik	من البلاستيك
Gummi (n)	maṭṭāṭ (m)	مطّاط
Gummi-	maṭṭāṭy	مطّاطي
Stoff (m)	'omāʃ (m)	قماش
aus Stoff	men el 'omāʃ	من القماش
Papier (n)	wara' (m)	ورق
Papier-	wara'y	ورقي
Pappe (f)	kartōn (m)	كرتون
Pappen-	kartony	كرتوني
Polyäthylen (n)	bolyetylen (m)	بولي ايثيلين
Zellophan (n)	sellofān (m)	سيلوفان

Furnier (n)	ablakāʃ (m)	أبلكاش
Porzellan (n)	borsalīn (m)	بورسلين
aus Porzellan	men el borsalīn	من البورسلين
Ton (m)	ṭīn (m)	طين
Ton-	fokχāry	فخّاري
Keramik (f)	seramīk (m)	سيراميك
keramisch	men el seramik	من السيراميك

25. Metalle

Metall (n)	maʿdan (m)	معدن
metallisch, Metall-	maʿdany	معدني
Legierung (f)	sebīka (f)	سبيكة
Gold (n)	dahab (m)	ذهب
golden	dahaby	ذهبي
Silber (n)	faḍḍa (f)	فضة
silbern, Silber-	feḍḍy	فضّي
Eisen (n)	ḥadīd (m)	حديد
eisern, Eisen-	ḥadīdy	حديدي
Stahl (m)	fulāz (m)	فولاذ
stählern	folāzy	فولاذي
Kupfer (n)	neḥās (m)	نحاس
kupfern, Kupfer-	neḥāsy	نحاسي
Aluminium (n)	aluminyum (m)	الومينيوم
Aluminium-	aluminyum	الومينيوم
Bronze (f)	bronze (m)	برونز
bronzen	bronzy	برونزي
Messing (n)	neḥās aṣfar (m)	نحاس أصفر
Nickel (n)	nikel (m)	نيكل
Platin (n)	blatīn (m)	بلاتين
Quecksilber (n)	zeʾbaq (m)	زئبق
Zinn (n)	ʾaṣdīr (m)	قصدير
Blei (n)	roṣāṣ (m)	رصاص
Zink (n)	zink (m)	زنك

DER MENSCH

Der Mensch. Körper

26. Menschen. Grundbegriffe

Mensch (m)	ensān (m)	إنسان
Mann (m)	rāgel (m)	راجل
Frau (f)	set (f)	ست
Kind (n)	ṭefl (m)	طفل
Mädchen (n)	bent (f)	بنت
Junge (m)	walad (m)	ولد
Teenager (m)	morāheq (m)	مراهق
Greis (m)	ʿagūz (m)	عجوز
alte Frau (f)	ʿagūza (f)	عجوزة

27. Anatomie des Menschen

Organismus (m)	ʿoḍw (m)	عضو
Herz (n)	ʾalb (m)	قلب
Blut (n)	damm (m)	دم
Arterie (f)	ʃeryān (m)	شريان
Vene (f)	ʿerʾ (m)	عرق
Gehirn (n)	mokχ (m)	مخّ
Nerv (m)	ʿaṣab (m)	عصب
Nerven (pl)	aʿṣāb (pl)	أعصاب
Wirbel (m)	faqra (f)	فقرة
Wirbelsäule (f)	ʿamūd faqry (m)	عمود فقري
Magen (m)	meʿda (f)	معدة
Gedärm (n)	amʿāʾ (pl)	أمعاء
Darm (z.B. Dickdarm)	maʿy (m)	معى
Leber (f)	kebd (f)	كبد
Niere (f)	kelya (f)	كلية
Knochen (m)	ʿaḍm (m)	عظم
Skelett (n)	haykal ʿazmy (m)	هيكل عظمي
Rippe (f)	ḍelʿ (m)	ضلع
Schädel (m)	gomgoma (f)	جمجمة
Muskel (m)	ʿaḍala (f)	عضلة
Bizeps (m)	biseps (f)	بايسبس
Trizeps (m)	triseps (f)	ترايسبس
Sehne (f)	watar (m)	وتر
Gelenk (n)	mefṣal (m)	مفصل

Lungen (pl)	re'ateyn (du)	رئتين
Geschlechtsorgane (pl)	a'ḍā' tanasoliya (pl)	أعضاء تناسلية
Haut (f)	boʃra (m)	بشرة

28. Kopf

Kopf (m)	ra's (m)	رأس
Gesicht (n)	weʃ (m)	وش
Nase (f)	manaχīr (m)	مناخير
Mund (m)	bo' (m)	بوء
Auge (n)	'eyn (f)	عين
Augen (pl)	'oyūn (pl)	عيون
Pupille (f)	ḥad'a (f)	حدقة
Augenbraue (f)	ḥāgeb (m)	حاجب
Wimper (f)	remʃ (m)	رمش
Augenlid (n)	gefn (m)	جفن
Zunge (f)	lesān (m)	لسان
Zahn (m)	senna (f)	سنّة
Lippen (pl)	ʃafāyef (pl)	شفايف
Backenknochen (pl)	'aḍmet el χadd (f)	عضمة الخدّ
Zahnfleisch (n)	lassa (f)	لثّة
Gaumen (m)	ḥanak (m)	حنك
Nasenlöcher (pl)	manaχer (pl)	مناخر
Kinn (n)	da''n (m)	دقن
Kiefer (m)	fakk (m)	فكّ
Wange (f)	χadd (m)	خدّ
Stirn (f)	gabha (f)	جبهة
Schläfe (f)	ṣedɣ (m)	صدغ
Ohr (n)	wedn (f)	ودن
Nacken (m)	'afa (m)	قفا
Hals (m)	ra'aba (f)	رقبة
Kehle (f)	zore (m)	زور
Haare (pl)	ʃa'r (m)	شعر
Frisur (f)	tasrīḥa (f)	تسريحة
Haarschnitt (m)	tasrīḥa (f)	تسريحة
Perücke (f)	barūka (f)	باروكة
Schnurrbart (m)	ʃanab (pl)	شنب
Bart (m)	leḥya (f)	لحية
haben (einen Bart ~)	'ando	عنده
Zopf (m)	ḍefīra (f)	ضفيرة
Backenbart (m)	sawālef (pl)	سوالف
rothaarig	aḥmar el ʃa'r	أحمر الشعر
grau	ʃa'r abyaḍ	شعر أبيض
kahl	aṣla'	أصلع
Glatze (f)	ṣala' (m)	صلع
Pferdeschwanz (m)	deyl ḥoṣān (m)	ديل حصان
Pony (Ponyfrisur)	'oṣṣa (f)	قصّة

29. Menschlicher Körper

Hand (f)	yad (m)	يد
Arm (m)	derāʿ (f)	دراع
Finger (m)	ṣobāʿ (m)	صباع
Zehe (f)	ṣobāʿ el ʾadam (m)	صباع القدم
Daumen (m)	ebhām (m)	إبهام
kleiner Finger (m)	χonṣor (m)	خنصر
Nagel (m)	ḍefr (m)	ضفر
Faust (f)	qabḍa (f)	قبضة
Handfläche (f)	kaff (f)	كفّ
Handgelenk (n)	meʿṣam (m)	معصم
Unterarm (m)	sāʿed (m)	ساعد
Ellbogen (m)	kūʿ (m)	كوع
Schulter (f)	ketf (f)	كتف
Bein (n)	regl (f)	رجل
Fuß (m)	qadam (f)	قدم
Knie (n)	rokba (f)	ركبة
Wade (f)	semmāna (f)	سمّانة
Hüfte (f)	faχd (f)	فخد
Ferse (f)	kaʿb (m)	كعب
Körper (m)	gesm (m)	جسم
Bauch (m)	baṭn (m)	بطن
Brust (f)	ṣedr (m)	صدر
Busen (m)	sady (m)	ثدي
Seite (f), Flanke (f)	ganb (m)	جنب
Rücken (m)	ḍahr (m)	ضهر
Kreuz (n)	asfal el ḍahr (m)	أسفل الضهر
Taille (f)	wesṭ (f)	وسط
Nabel (m)	sorra (f)	سرّة
Gesäßbacken (pl)	ardāf (pl)	أرداف
Hinterteil (n)	debr (m)	دبر
Leberfleck (m)	ʃāma (f)	شامة
Muttermal (n)	waḥma	وحمة
Tätowierung (f)	waʃm (m)	وشم
Narbe (f)	nadba (f)	ندبة

Kleidung & Accessoires

30. Oberbekleidung. Mäntel

Kleidung (f)	malābes (pl)	ملابس
Oberkleidung (f)	malābes fo'aniya (pl)	ملابس فوقانيّة
Winterkleidung (f)	malābes ʃetwiya (pl)	ملابس شتويّة
Mantel (m)	balṭo (m)	بالطو
Pelzmantel (m)	balṭo farww (m)	بالطو فروّ
Pelzjacke (f)	ʒaket farww (m)	جاكيت فروّ
Daunenjacke (f)	balṭo maḥʃy rīʃ (m)	بالطو محشي ريش
Jacke (z.B. Lederjacke)	ʒæket (m)	جاكيت
Regenmantel (m)	ʒæket lel maṭar (m)	جاكيت للمطر
wasserdicht	wāqy men el maya	واقي من الميّة

31. Herren- & Damenbekleidung

Hemd (n)	'amīṣ (m)	قميص
Hose (f)	banṭalone (f)	بنطلون
Jeans (pl)	ʒeans (m)	جينز
Jackett (n)	ʒæket (f)	جاكت
Anzug (m)	badla (f)	بدلة
Damenkleid (n)	fostān (m)	فستان
Rock (m)	ʒība (f)	جيبة
Bluse (f)	bloza (f)	بلوزة
Strickjacke (f)	kardigan (m)	كارديجن
Jacke (Damen Kostüm)	ʒæket (m)	جاكيت
T-Shirt (n)	ti ʃirt (m)	تي شيرت
Shorts (pl)	ʃort (m)	شورت
Sportanzug (m)	treneng (m)	ترينيج
Bademantel (m)	robe el ḥammām (m)	روب حمّام
Schlafanzug (m)	beʒāma (f)	بيجاما
Sweater (m)	blover (f)	بلوفر
Pullover (m)	blover (m)	بلوفر
Weste (f)	vest (m)	فيست
Frack (m)	badlet sahra ṭawīla (f)	بدلة سهرة طويلة
Smoking (m)	badla (f)	بدلة
Uniform (f)	zayī muwaḥḥad (m)	زيّ موحّد
Arbeitskleidung (f)	lebs el ʃoɣl (m)	لبس الشغل
Overall (m)	overall (m)	اوفر اول
Kittel (z.B. Arztkittel)	balṭo (m)	بالطو

32. Kleidung. Unterwäsche

Unterwäsche (f)	malābes dāχeliya (pl)	ملابس داخلية
Herrenslip (m)	sirwāl dāχly rigāly (m)	سروال داخلي رجاليّ
Damenslip (m)	sirwāl dāχly nisā'y (m)	سروال داخلي نسائي
Unterhemd (n)	fanella (f)	فانلّا
Socken (pl)	ʃarāb (m)	شراب
Nachthemd (n)	'amīṣ nome (m)	قميص نوم
Büstenhalter (m)	setyāna (f)	ستيانة
Kniestrümpfe (pl)	ʃarabāt ṭawīla (pl)	شرابات طويلة
Strumpfhose (f)	klone (m)	كلون
Strümpfe (pl)	gawāreb (pl)	جوارب
Badeanzug (m)	mayo (m)	مايّوه

33. Kopfbekleidung

Mütze (f)	ṭa'iya (f)	طاقيّة
Filzhut (m)	borneyṭa (f)	برنيطة
Baseballkappe (f)	base bāl kāb (m)	بيس بول كاب
Schiebermütze (f)	ṭa'iya mosaṭṭaḥa (f)	طاقيّة مسطحة
Baskenmütze (f)	bereyh (m)	بيريه
Kapuze (f)	γaṭa' (f)	غطاء
Panamahut (m)	qobba'et banama (f)	قبّعة بناما
Strickmütze (f)	ays kāb (m)	آيس كاب
Kopftuch (n)	eʃarb (m)	إيشارب
Damenhut (m)	borneyṭa (f)	برنيطة
Schutzhelm (m)	χawza (f)	خوذة
Feldmütze (f)	kāb (m)	كاب
Helm (z.B. Motorradhelm)	χawza (f)	خوذة
Melone (f)	qobba'a (f)	قبّعة
Zylinder (m)	qobba'a rasmiya (f)	قبّعة رسمية

34. Schuhwerk

Schuhe (pl)	gezam (pl)	جزم
Stiefeletten (pl)	gazma (f)	جزمة
Halbschuhe (pl)	gazma (f)	جزمة
Stiefel (pl)	būt (m)	بوت
Hausschuhe (pl)	ʃebʃeb (m)	شبشب
Tennisschuhe (pl)	kotʃy tennis (m)	كوتشي تنس
Leinenschuhe (pl)	kotʃy (m)	كوتشي
Sandalen (pl)	ṣandal (pl)	صندل
Schuster (m)	eskāfy (m)	إسكافي
Absatz (m)	ka'b (m)	كعب

Paar (n)	goze (m)	جوز
Schnürsenkel (m)	ʃerīʾṭ (m)	شريط
schnüren (vt)	rabaṭ	ربط
Schuhlöffel (m)	labbāsa el gazma (f)	لبّاسة الجزمة
Schuhcreme (f)	warnīʃ el gazma (m)	ورنيش الجزمة

35. Textilien. Stoffe

Baumwolle (f)	ʾoṭn (m)	قطن
Baumwolle-	ʾoṭny	قطني
Leinen (m)	kettān (m)	كتّان
Leinen-	men el kettān	من الكتّان
Seide (f)	ḥarīr (m)	حرير
Seiden-	ḥarīry	حريري
Wolle (f)	ṣūf (m)	صوف
Woll-	ṣūfiya	صوفية
Samt (m)	moχmal (m)	مخمل
Wildleder (n)	geld mazʾabar (m)	جلد مزأبر
Cord (m)	ʾoṭṭn ʾaṭīfa (f)	قطن قطيفة
Nylon (n)	nylon (m)	نايلون
Nylon-	men el naylon	من النيلون
Polyester (m)	bolyester (m)	بوليستر
Polyester-	men el bolyastar	من البوليستر
Leder (n)	geld (m)	جلد
Leder-	men el geld	من الجلد
Pelz (m)	farww (m)	فروّ
Pelz-	men el farww	من الفروّ

36. Persönliche Accessoires

Handschuhe (pl)	gwanty (m)	جوانتي
Fausthandschuhe (pl)	gwanty men ɣeyr aṣābeʿ (m)	جوانتي من غير أصابع
Schal (Kaschmir-)	skarf (m)	سكارف
Brille (f)	naḍḍāra (f)	نظّارة
Brillengestell (n)	eṭār (m)	إطار
Regenschirm (m)	ʃamsiya (f)	شمسيّة
Spazierstock (m)	ʿaṣāya (f)	عصاية
Haarbürste (f)	forʃet ʃaʿr (f)	فرشة شعر
Fächer (m)	marwaḥa (f)	مروّحة
Krawatte (f)	karavetta (f)	كرافتة
Fliege (f)	bebyona (m)	بيبيونة
Hosenträger (pl)	ḥammala (f)	حمّالة
Taschentuch (n)	mandīl (m)	منديل
Kamm (m)	meʃṭ (m)	مشط
Haarspange (f)	dabbūs (m)	دبّوس

Haarnadel (f)	bensa (m)	بنسة
Schnalle (f)	bokla (f)	بكلة
Gürtel (m)	ḥezām (m)	حزام
Umhängegurt (m)	ḥammalet el ketf (f)	حمّالة الكتف
Tasche (f)	ʃanṭa (f)	شنطة
Handtasche (f)	ʃanṭet yad (f)	شنطة يد
Rucksack (m)	ʃanṭet ḍahr (f)	شنطة ظهر

37. Kleidung. Verschiedenes

Mode (f)	mūḍa (f)	موضة
modisch	fel moḍa	في الموضة
Modedesigner (m)	moṣammem azyā' (m)	مصمّم أزياء
Kragen (m)	yā'a (f)	ياقة
Tasche (f)	geyb (m)	جيب
Taschen-	geyb	جيب
Ärmel (m)	komm (m)	كمّ
Aufhänger (m)	'elāqa (f)	علّاقة
Hosenschlitz (m)	lesān (m)	لسان
Reißverschluss (m)	sosta (f)	سوستة
Verschluss (m)	maʃbak (m)	مشبك
Knopf (m)	zerr (m)	زرّ
Knopfloch (n)	'arwa (f)	عروة
abgehen (Knopf usw.)	we'e'	وقع
nähen (vi, vt)	χayaṭ	خيّط
sticken (vt)	ṭarraz	طرّز
Stickerei (f)	taṭrīz (m)	تطريز
Nadel (f)	ebra (f)	إبرة
Faden (m)	χeyṭ (m)	خيط
Naht (f)	derz (m)	درز
sich beschmutzen	ettwassaχ	إتّوّسّخ
Fleck (m)	bo''a (f)	بقعة
sich knittern	takarmaʃ	تكرمش
zerreißen (vt)	'aṭa'	قطع
Motte (f)	'etta (f)	عثّة

38. Kosmetikartikel. Kosmetik

Zahnpasta (f)	ma'gūn asnān (m)	معجون أسنان
Zahnbürste (f)	forʃet senān (f)	فرشة أسنان
Zähne putzen	naḍḍaf el asnān	نظّف الأسنان
Rasierer (m)	mūs (m)	موس
Rasiercreme (f)	krīm ḥelā'a (m)	كريم حلاقة
sich rasieren	ḥala'	حلق
Seife (f)	ṣabūn (m)	صابون

Shampoo (n)	ʃambū (m)	شامبو
Schere (f)	ma'aṣ (m)	مقص
Nagelfeile (f)	mabrad (m)	مبرد
Nagelzange (f)	mel'aṭ (m)	ملقط
Pinzette (f)	mel'aṭ (m)	ملقط
Kosmetik (f)	mawād tagmīl (pl)	مواد تجميل
Gesichtsmaske (f)	mask (m)	ماسك
Maniküre (f)	monekīr (m)	مونيكير
Maniküre machen	ʿamal monikīr	عمل مونيكير
Pediküre (f)	badikīr (m)	باديكير
Kosmetiktasche (f)	ʃanṭet mekyāʒ (f)	شنطة مكياج
Puder (m)	bodret weʃ (f)	بودرة وش
Puderdose (f)	ʿelbet bodra (f)	علبة بودرة
Rouge (n)	aḥmar χodūd (m)	أحمر خدود
Parfüm (n)	barfān (m)	بارفان
Duftwasser (n)	kolonya (f)	كولونيا
Lotion (f)	loʃion (m)	لوشن
Kölnischwasser (n)	kolonya (f)	كولونيا
Lidschatten (m)	eyeʃadow (m)	ايّ شادو
Kajalstift (m)	koḥl (m)	كحل
Wimperntusche (f)	maskara (f)	ماسكارا
Lippenstift (m)	rūʒ (m)	روج
Nagellack (m)	monekīr (m)	مونيكير
Haarlack (m)	mosabbet el ʃaʿr (m)	مثبّت الشعر
Deodorant (n)	mozīl ʿara' (m)	مزيل عرق
Creme (f)	krīm (m)	كريم
Gesichtscreme (f)	krīm lel weʃ (m)	كريم للوش
Handcreme (f)	krīm eyd (m)	كريم أيد
Anti-Falten-Creme (f)	krīm moḍād lel tagaʿīd (m)	كريم مضاد للتجاعيد
Tagescreme (f)	krīm en nahār (m)	كريم النهار
Nachtcreme (f)	krīm el leyl (m)	كريم الليل
Tages-	nahāry	نهاري
Nacht-	layly	ليّلي
Tampon (m)	tambon (m)	تانبون
Toilettenpapier (n)	wara' twalet (m)	ورق تواليت
Föhn (m)	seʃwār (m)	سشوار

39. Schmuck

Schmuck (m)	mogawharāt (pl)	مجوّهرات
Edel- (stein)	ɣāly	غالي
Repunze (f)	damɣa (f)	دمغة
Ring (m)	χātem (m)	خاتم
Ehering (m)	deblet el faraḥ (m)	دبلة الفرح
Armband (n)	eswera (m)	إسوّرة
Ohrringe (pl)	ḥala' (m)	حلق

Kette (f)	ʻo'd (m)	عقد
Krone (f)	tāg (m)	تاج
Halskette (f)	ʻo'd χaraz (m)	عقد خرز
Brillant (m)	almāz (m)	ألماز
Smaragd (m)	zomorrod (m)	زمرّد
Rubin (m)	ya'ūt aḥmar (m)	ياقوت أحمر
Saphir (m)	ya'ūt azra' (m)	ياقوت أزرق
Perle (f)	lo'lo' (m)	لؤلؤ
Bernstein (m)	kahramān (m)	كهرمان

40. Armbanduhren Uhren

Armbanduhr (f)	sāʻa (f)	ساعة
Zifferblatt (n)	wag-h el sāʻa (m)	وجه الساعة
Zeiger (m)	ʻa'rab el sāʻa (m)	عقرب الساعة
Metallarmband (n)	ʃerī'ṭ sāʻa maʻdaniya (m)	شريط ساعة معدنية
Uhrenarmband (n)	ʃerī'ṭ el sāʻa (m)	شريط الساعة
Batterie (f)	baṭṭariya (f)	بطّاريّة
verbraucht sein	χelṣet	خلصت
die Batterie wechseln	ɣayar el baṭṭariya	غيّر البطّاريّة
vorgehen (vi)	saba'	سبق
nachgehen (vi)	ta'akχar	تأخّر
Wanduhr (f)	sāʻet ḥeyṭa (f)	ساعة حيطة
Sanduhr (f)	sāʻa ramliya (f)	ساعة رمليّة
Sonnenuhr (f)	sāʻa ʃamsiya (f)	ساعة شمسيّة
Wecker (m)	monabbeh (m)	منبّه
Uhrmacher (m)	saʻāty (m)	ساعاتي
reparieren (vt)	ṣallaḥ	صلّح

Essen. Ernährung

41. Essen

Fleisch (n)	laḥma (f)	لحمة
Hühnerfleisch (n)	ferāχ (m)	فراخ
Küken (n)	farrūg (m)	فروج
Ente (f)	baṭṭa (f)	بطّة
Gans (f)	wezza (f)	وزّة
Wild (n)	ṣeyd (m)	صيد
Pute (f)	dīk rūmy (m)	ديك رومي
Schweinefleisch (n)	laḥm el χanazīr (m)	لحم الخنزير
Kalbfleisch (n)	laḥm el ʿegl (m)	لحم العجل
Hammelfleisch (n)	laḥm ḍāny (m)	لحم ضاني
Rindfleisch (n)	laḥm baqary (m)	لحم بقري
Kaninchenfleisch (n)	laḥm arāneb (m)	لحم أرانب
Wurst (f)	sogo'' (m)	سجق
Würstchen (n)	sogo'' (m)	سجق
Schinkenspeck (m)	bakon (m)	بيكون
Schinken (m)	hām(m)	هام
Räucherschinken (m)	faχd χanzīr (m)	فخد خنزير
Pastete (f)	maʿgūn laḥm (m)	معجون لحم
Leber (f)	kebda (f)	كبدة
Hackfleisch (n)	hamburger (m)	هامبورجر
Zunge (f)	lesān (m)	لسان
Ei (n)	beyḍa (f)	بيضة
Eier (pl)	beyḍ (m)	بيض
Eiweiß (n)	bayāḍ el beyḍ (m)	بياض البيض
Eigelb (n)	ṣafār el beyḍ (m)	صفار البيض
Fisch (m)	samak (m)	سمك
Meeresfrüchte (pl)	sīfūd (pl)	سي فود
Kaviar (m)	kaviar (m)	كافيار
Krabbe (f)	kaboria (m)	كابوريا
Garnele (f)	gammbary (m)	جمبري
Auster (f)	maḥār (m)	محار
Languste (f)	estakoza (m)	استاكوزا
Krake (m)	aχṭabūṭ (m)	أخطبوط
Kalmar (m)	kalmāry (m)	كالماري
Störfleisch (n)	samak el ḥafʃ (m)	سمك الحفش
Lachs (m)	salamon (m)	سلمون
Heilbutt (m)	samak el halbūt (m)	سمك الهلبوت
Dorsch (m)	samak el qadd (m)	سمك القد
Makrele (f)	makerel (m)	ماكريل

Tunfisch (m)	tuna (f)	تونة
Aal (m)	ḥankalīs (m)	حنكليس
Forelle (f)	salamon mera''aṭ (m)	سلمون مرقّط
Sardine (f)	sardīn (m)	سردين
Hecht (m)	samak el karāky (m)	سمك الكراكي
Hering (m)	renga (f)	رنجة
Brot (n)	'eyʃ (m)	عيش
Käse (m)	gebna (f)	جبنة
Zucker (m)	sokkar (m)	سكّر
Salz (n)	melḥ (m)	ملح
Reis (m)	rozz (m)	رزّ
Teigwaren (pl)	makaruna (f)	مكرونة
Nudeln (pl)	nūdles (f)	نودلز
Butter (f)	zebda (f)	زبدة
Pflanzenöl (n)	zeyt (m)	زيت
Sonnenblumenöl (n)	zeyt 'abbād el ʃams (m)	زيت عبّاد الشمس
Margarine (f)	margarīn (m)	مارجرين
Oliven (pl)	zaytūn (m)	زيتون
Olivenöl (n)	zeyt el zaytūn (m)	زيت الزيتون
Milch (f)	laban (m)	لبن
Kondensmilch (f)	ḥalīb mokassaf (m)	حليب مكثّف
Joghurt (m)	zabādy (m)	زبادي
saure Sahne (f)	kreyma ḥamḍa (f)	كريمة حامضة
Sahne (f)	krīma (f)	كريمة
Mayonnaise (f)	mayonnɛ:z (m)	مايونيز
Buttercreme (f)	krīmet zebda (f)	كريمة زبدة
Grütze (f)	ḥobūb 'amḥ (pl)	حبوب قمح
Mehl (n)	de'ī' (m)	دقيق
Konserven (pl)	mo'allabāt (pl)	معلّبات
Maisflocken (pl)	korn fleks (m)	كورن فليكس
Honig (m)	'asal (m)	عسل
Marmelade (f)	mrabba (m)	مربّى
Kaugummi (m, n)	lebān (m)	لبان

42. Getränke

Wasser (n)	meyāh (f)	مياه
Trinkwasser (n)	mayet ʃorb (m)	ميّة شرب
Mineralwasser (n)	maya ma'daniya (f)	ميّة معدنية
still	rakeda	راكدة
mit Kohlensäure	kanz	كانز
mit Gas	kanz	كانز
Eis (n)	talg (m)	ثلج
mit Eis	bel talg	بالتلج

alkoholfrei (Adj)	men ɣeyr koḥūl	من غير كحول
alkoholfreies Getränk (n)	maʃrūb ɣāzy (m)	مشروب غازي
Erfrischungsgetränk (n)	ḥāga saʾʿa (f)	حاجة ساقعة
Limonade (f)	limonāta (f)	ليموناتة
Spirituosen (pl)	maʃrūbāt koḥūliya (pl)	مشروبات كحولية
Wein (m)	χamra (f)	خمرة
Weißwein (m)	nebīz abyaḍ (m)	نبيذ أبيض
Rotwein (m)	nebī aḥmar (m)	نبيذ أحمر
Likör (m)	liqure (m)	ليكيور
Champagner (m)	ʃambania (f)	شمبانيا
Wermut (m)	vermote (m)	فيرموت
Whisky (m)	wiski (m)	ويسكي
Wodka (m)	vodka (f)	فودكا
Gin (m)	ʒin (m)	جين
Kognak (m)	konyāk (m)	كونياك
Rum (m)	rum (m)	رم
Kaffee (m)	ʾahwa (f)	قهوة
schwarzer Kaffee (m)	ʾahwa sāda (f)	قهوة سادة
Milchkaffee (m)	ʾahwa bel ḥalīb (f)	قهوة بالحليب
Cappuccino (m)	kaputʃino (m)	كابتشينو
Pulverkaffee (m)	neskafe (m)	نيسكافيه
Milch (f)	laban (m)	لبن
Cocktail (m)	koktayl (m)	كوكتيل
Milchcocktail (m)	milk ʃejk (m)	ميلك شيك
Saft (m)	ʿaṣīr (m)	عصير
Tomatensaft (m)	ʿaṣīr ṭamāṭem (m)	عصير طماطم
Orangensaft (m)	ʿaṣīr bortoqāl (m)	عصير برتقال
frisch gepresster Saft (m)	ʿaṣīr freʃ (m)	عصير فريش
Bier (n)	bīra (f)	بيرة
Helles (n)	bīra χafīfa (f)	بيرة خفيفة
Dunkelbier (n)	bīra ɣamʾa (f)	بيرة غامقة
Tee (m)	ʃāy (m)	شاي
schwarzer Tee (m)	ʃāy aḥmar (m)	شاي أحمر
grüner Tee (m)	ʃāy aχḍar (m)	شاي أخضر

43. Gemüse

Gemüse (n)	χoḍār (pl)	خضار
grünes Gemüse (pl)	χoḍrawāt waraqiya (pl)	خضروات ورقية
Tomate (f)	ṭamāṭem (f)	طماطم
Gurke (f)	χeyār (m)	خيار
Karotte (f)	gazar (m)	جزر
Kartoffel (f)	baṭāṭes (f)	بطاطس
Zwiebel (f)	baṣal (m)	بصل
Knoblauch (m)	tūm (m)	ثوم

Kohl (m)	koronb (m)	كرنب
Blumenkohl (m)	'arnabīṭ (m)	قرنبيط
Rosenkohl (m)	koronb broksel (m)	كرنب بروكسل
Brokkoli (m)	brokkoli (m)	بركولي
Rote Bete (f)	bangar (m)	بنجر
Aubergine (f)	bātengān (m)	باذنجان
Zucchini (f)	kōsa (f)	كوسة
Kürbis (m)	qar' 'asaly (m)	قرع عسلي
Rübe (f)	left (m)	لفت
Petersilie (f)	ba'dūnes (m)	بقدونس
Dill (m)	ʃabat (m)	شبت
Kopf Salat (m)	χass (m)	خسّ
Sellerie (m)	karfas (m)	كرفس
Spargel (m)	helione (m)	هليون
Spinat (m)	sabāneχ (m)	سبانخ
Erbse (f)	besella (f)	بسلّة
Bohnen (pl)	fūl (m)	فول
Mais (m)	dora (f)	ذرة
weiße Bohne (f)	faṣolya (f)	فاصوليا
Paprika (m)	felfel (m)	فلفل
Radieschen (n)	fegl (m)	فجل
Artischocke (f)	χarʃūf (m)	خرشوف

44. Obst. Nüsse

Frucht (f)	faχa (f)	فاكهة
Apfel (m)	toffāḥa (f)	تفّاحة
Birne (f)	komettra (f)	كمّثرى
Zitrone (f)	lymūn (m)	ليمون
Apfelsine (f)	bortoqāl (m)	برتقال
Erdbeere (f)	farawla (f)	فراولة
Mandarine (f)	yosfy (m)	يوسفي
Pflaume (f)	bar'ū' (m)	برقوق
Pfirsich (m)	χawχa (f)	خوخة
Aprikose (f)	meʃmeʃ (f)	مشمش
Himbeere (f)	tūt el 'alī' el aḥmar (m)	توت العليق الأحمر
Ananas (f)	ananās (m)	أناناس
Banane (f)	moze (m)	موز
Wassermelone (f)	baṭṭīχ (m)	بطّيخ
Weintrauben (pl)	'enab (m)	عنب
Kirsche (f)	karaz (m)	كرز
Melone (f)	ʃammām (f)	شمّام
Grapefruit (f)	grabe frūt (m)	جريب فروت
Avocado (f)	avokado (f)	افوكاتو
Papaya (f)	babāya (m)	ببايا
Mango (f)	manga (m)	مانجة
Granatapfel (m)	rommān (m)	رمان

rote Johannisbeere (f)	keʃmeʃ aḥmar (m)	كشمش أحمر
schwarze Johannisbeere (f)	keʃmeʃ aswad (m)	كشمش أسود
Stachelbeere (f)	ʿenab el saʿlab (m)	عنب الثعلب
Heidelbeere (f)	ʿenab al aḥrāg (m)	عنب الأحراج
Brombeere (f)	tūt aswad (m)	توت أسود
Rosinen (pl)	zebīb (m)	زبيب
Feige (f)	tīn (m)	تين
Dattel (f)	tamr (m)	تمر
Erdnuss (f)	fūl sudāny (m)	فول سوداني
Mandel (f)	loze (m)	لوز
Walnuss (f)	ʿeyn gamal (f)	عين الجمل
Haselnuss (f)	bondoʾ (m)	بندق
Kokosnuss (f)	goze el hend (m)	جوز هند
Pistazien (pl)	fostoʾ (m)	فستق

45. Brot. Süßigkeiten

Konditorwaren (pl)	ḥalawīāt (pl)	حلويّات
Brot (n)	ʿeyʃ (m)	عيش
Keks (m, n)	baskawīt (m)	بسكويت
Schokolade (f)	ʃokolāta (f)	شكولاتة
Schokoladen-	bel ʃokolāṭa	بالشكولاتة
Bonbon (m, n)	bonbony (m)	بونبوني
Kuchen (m)	keyka (f)	كيكة
Torte (f)	torta (f)	تورتة
Kuchen (Apfel-)	feṭīra (f)	فطيرة
Füllung (f)	ḥaʃwa (f)	حشوة
Konfitüre (f)	mrabba (m)	مربّى
Marmelade (f)	marmalād (f)	مرملاد
Waffeln (pl)	waffles (pl)	وافلز
Eis (n)	ʾays krīm (m)	آيس كريم
Pudding (m)	būding (m)	بودنج

46. Gerichte

Gericht (n)	wagba (f)	وجبة
Küche (f)	maṭbaχ (m)	مطبخ
Rezept (n)	waṣfa (f)	وصفة
Portion (f)	naṣīb (m)	نصيب
Salat (m)	solṭa (f)	سلطة
Suppe (f)	ʃorba (f)	شوربة
Brühe (f), Bouillon (f)	maraʾa (m)	مرقة
belegtes Brot (n)	sandawitʃ (m)	ساندويتش
Spiegelei (n)	beyḍ maʾly (m)	بيض مقلي
Hamburger (m)	hamburger (m)	هامبورجر

Beefsteak (n)	steak laḥm (m)	ستيك لحم
Beilage (f)	ṭaba' gāneby (m)	طبق جانبي
Spaghetti (pl)	spaɣetti (m)	سباجيتي
Kartoffelpüree (n)	baṭāṭes mahrūsa (f)	بطاطس مهروسة
Pizza (f)	bītza (f)	بيتزا
Brei (m)	'aṣīda (f)	عصيدة
Omelett (n)	omlette (m)	اومليت
gekocht	maslū'	مسلوق
geräuchert	modakxen	مدخّن
gebraten	ma'ly	مقلي
getrocknet	mogaffaf	مجفّف
tiefgekühlt	mogammad	مجمّد
mariniert	mexallel	مخلّل
süß	mesakkar	مسكّر
salzig	māleḥ	مالح
kalt	bāred	بارد
heiß	soxn	سخن
bitter	morr	مرّ
lecker	ḥelw	حلو
kochen (vt)	sala'	سلق
zubereiten (vt)	ḥaḍḍar	حضّر
braten (vt)	'ala	قلي
aufwärmen (vt)	sakxan	سخّن
salzen (vt)	rasʃ malḥ	رشّ ملح
pfeffern (vt)	rasʃ felfel	رشّ فلفل
reiben (vt)	baraʃ	برش
Schale (f)	'eʃra (f)	القشرة
schälen (vt)	'asʃar	قشّر

47. Gewürze

Salz (n)	melḥ (m)	ملح
salzig (Adj)	māleḥ	مالح
salzen (vt)	rasʃ malḥ	رشّ ملح
schwarzer Pfeffer (m)	felfel aswad (m)	فلفل أسوّد
roter Pfeffer (m)	felfel aḥmar (m)	فلفل أحمر
Senf (m)	mosṭarda (m)	مسطردة
Meerrettich (m)	fegl ḥār (m)	فجل حار
Gewürz (n)	bahār (m)	بهار
Gewürz (n)	bahār (m)	بهار
Soße (f)	ṣalṣa (f)	صلصة
Essig (m)	xall (m)	خلّ
Anis (m)	yansūn (m)	ينسون
Basilikum (n)	rīḥān (m)	ريحان
Nelke (f)	'oronfol (m)	قرنفل
Ingwer (m)	zangabīl (m)	زنجبيل
Koriander (m)	kozbora (f)	كزبرة

Zimt (m)	'erfa (f)	قرفة
Sesam (m)	semsem (m)	سمسم
Lorbeerblatt (n)	wara' el ɣār (m)	ورق الغار
Paprika (m)	babrika (f)	بابريكا
Kümmel (m)	karawya (f)	كراوية
Safran (m)	za'farān (m)	زعفران

48. Mahlzeiten

Essen (n)	akl (m)	أكل
essen (vi, vt)	akal	أكل
Frühstück (n)	foṭūr (m)	فطور
frühstücken (vi)	feṭer	فطر
Mittagessen (n)	ɣada' (m)	غداء
zu Mittag essen	etɣadda	إتغدّى
Abendessen (n)	'aʃā' (m)	عشاء
zu Abend essen	et'asʃa	إتعشّى
Appetit (m)	ʃahiya (f)	شهيّة
Guten Appetit!	bel hana wel ʃefa!	!بالهنا والشفا
öffnen (vt)	fataḥ	فتح
verschütten (vt)	dala'	دلق
verschüttet werden	dala'	دلق
kochen (vi)	ɣely	غلي
kochen (Wasser ~)	ɣely	غلي
gekocht (Adj)	maɣly	مغلي
kühlen (vt)	barrad	برّد
abkühlen (vi)	barrad	برّد
Geschmack (m)	ṭa'm (m)	طعم
Beigeschmack (m)	ṭa'm ma ba'd el mazāq (m)	طعم ما بعد المذاق
auf Diät sein	χass	خسّ
Diät (f)	reʒīm (m)	رجيم
Vitamin (n)	vitamīn (m)	فيتامين
Kalorie (f)	so'ra ḥarāriya (f)	سعرة حراريّة
Vegetarier (m)	nabāty (m)	نباتي
vegetarisch (Adj)	nabāty	نباتي
Fett (n)	dohūn (pl)	دهون
Protein (n)	brotenāt (pl)	بروتينات
Kohlenhydrat (n)	naʃawīāt (pl)	نشويّات
Scheibchen (n)	ʃarīḥa (f)	شريحة
Stück (ein ~ Kuchen)	'eṭ'a (f)	قطعة
Krümel (m)	fattāta (f)	فتاتة

49. Gedeck

Löffel (m)	ma'la'a (f)	معلقة
Messer (n)	sekkīna (f)	سكّينة

Gabel (f)	ʃawka (f)	شوكة
Tasse (eine ~ Tee)	fengān (m)	فنجان
Teller (m)	ṭaba' (m)	طبق
Untertasse (f)	ṭaba' fengān (m)	طبق فنجان
Serviette (f)	mandīl wara' (m)	منديل ورق
Zahnstocher (m)	χallet senān (f)	خلة سنان

50. Restaurant

Restaurant (n)	maṭ'am (m)	مطعم
Kaffeehaus (n)	'ahwa (f), kaféih (m)	قهوة, كافيه
Bar (f)	bār (m)	بار
Teesalon (m)	ṣalone ʃāy (m)	صالون شاي
Kellner (m)	garsone (m)	جرسون
Kellnerin (f)	garsona (f)	جرسونة
Barmixer (m)	bārman (m)	بارمان
Speisekarte (f)	qā'emet el ṭa'ām (f)	قائمة طعام
Weinkarte (f)	qā'emet el χomūr (f)	قائمة خمور
einen Tisch reservieren	ḥagaz sofra	حجز سفرة
Gericht (n)	wagba (f)	وجبة
bestellen (vt)	ṭalab	طلب
eine Bestellung aufgeben	ṭalab	طلب
Aperitif (m)	ʃarāb (m)	شراب
Vorspeise (f)	moqabbelāt (pl)	مقبّلات
Nachtisch (m)	ḥalawīāt (pl)	حلويّات
Rechnung (f)	ḥesāb (m)	حساب
Rechnung bezahlen	dafa' el ḥesāb	دفع الحساب
das Wechselgeld geben	edda el bā'y	ادّي الباقي
Trinkgeld (n)	ba'ʃīʃ (m)	بقشيش

Familie, Verwandte und Freunde

51. Persönliche Informationen. Formulare

Vorname (m)	esm (m)	اسم
Name (m)	esm el ʿaʾela (m)	اسم العائلة
Geburtsdatum (n)	tarīχ el melād (m)	تاريخ الميلاد
Geburtsort (m)	makān el melād (m)	مكان الميلاد
Nationalität (f)	gensiya (f)	جنسيّة
Wohnort (m)	maqarr el eqāma (m)	مقرّ الإقامة
Land (n)	balad (m)	بلد
Beruf (m)	mehna (f)	مهنة
Geschlecht (n)	ginss (m)	جنس
Größe (f)	ṭūl (m)	طول
Gewicht (n)	wazn (m)	وزن

52. Familienmitglieder. Verwandte

Mutter (f)	walda (f)	والدة
Vater (m)	wāled (m)	والد
Sohn (m)	walad (m)	ولد
Tochter (f)	bent (f)	بنت
jüngste Tochter (f)	el bent el saɣīra (f)	البنت الصغيرة
jüngste Sohn (m)	el ebn el saɣīr (m)	الابن الصغير
ältere Tochter (f)	el bent el kebīra (f)	البنت الكبيرة
älterer Sohn (m)	el ebn el kabīr (m)	الابن الكبير
Bruder (m)	aχ (m)	أخ
älterer Bruder (m)	el aχ el kibīr (m)	الأخ الكبير
jüngerer Bruder (m)	el aχ el ṣoɣeyyir (m)	الأخ الصغير
Schwester (f)	oχt (f)	أخت
ältere Schwester (f)	el uχt el kibīra (f)	الأخت الكبيرة
jüngere Schwester (f)	el uχt el ṣoɣeyyira (f)	الأخت الصغيرة
Cousin (m)	ibn ʿamm (m), ibn χāl (m)	إبن عمّ, إبن خال
Cousine (f)	bint ʿamm (f), bint χāl (f)	بنت عم, بنت خال
Mama (f)	mama (f)	ماما
Papa (m)	baba (m)	بابا
Eltern (pl)	waldeyn (du)	والدين
Kind (n)	ṭefl (m)	طفل
Kinder (pl)	aṭfāl (pl)	أطفال
Großmutter (f)	gedda (f)	جدّة
Großvater (m)	gadd (m)	جدّ
Enkel (m)	ḥafīd (m)	حفيد

Enkelin (f)	ḥafīda (f)	حفيدة
Enkelkinder (pl)	aḥfād (pl)	أحفاد
Onkel (m)	ʿamm (m), χāl (m)	عمّ, خال
Tante (f)	ʿamma (f), χāla (f)	عمّة, خالة
Neffe (m)	ibn el aχ (m), ibn el uχt (m)	إبن الأخ, إبن الأخت
Nichte (f)	bint el aχ (f), bint el uχt (f)	بنت الأخ, بنت الأخت
Schwiegermutter (f)	ḥamah (f)	حماة
Schwiegervater (m)	ḥama (m)	حما
Schwiegersohn (m)	goze el bent (m)	جوز البنت
Stiefmutter (f)	merāt el abb (f)	مرات الأب
Stiefvater (m)	goze el omm (m)	جوز الأم
Säugling (m)	ṭefl raḍeeʿ (m)	طفل رضيع
Kleinkind (n)	mawlūd (m)	موّلود
Kleine (m)	walad ṣaɣīr (m)	ولد صغير
Frau (f)	goza (f)	جوزة
Mann (m)	goze (m)	جوز
Ehemann (m)	goze (m)	جوز
Gemahlin (f)	goza (f)	جوزة
verheiratet (Ehemann)	metgawwez	متجوّز
verheiratet (Ehefrau)	metgawweza	متجوّزة
ledig	aʿzab	أعزب
Junggeselle (m)	aʿzab (m)	أعزب
geschieden (Adj)	moṭallaq (m)	مطلّق
Witwe (f)	armala (f)	أرملة
Witwer (m)	armal (m)	أرمل
Verwandte (m)	ʾarīb (m)	قريب
naher Verwandter (m)	nesīb ʾarīb (m)	نسيب قريب
entfernter Verwandter (m)	nesīb beʿīd (m)	نسيب بعيد
Verwandte (pl)	aqāreb (pl)	أقارب
Waise (m, f)	yatīm (m)	يتيم
Vormund (m)	walyī amr (m)	وليّ أمر
adoptieren (einen Jungen)	tabanna	تبنّى
adoptieren (ein Mädchen)	tabanna	تبنّى

53. Freunde. Arbeitskollegen

Freund (m)	ṣadīq (m)	صديق
Freundin (f)	ṣadīqa (f)	صديقة
Freundschaft (f)	ṣadāqa (f)	صداقة
befreundet sein	ṣādaq	صادق
Freund (m)	ṣāḥeb (m)	صاحب
Freundin (f)	ṣaḥba (f)	صاحبة
Partner (m)	rafīʾ (m)	رفيق
Chef (m)	raʾīs (m)	رئيس
Vorgesetzte (m)	el arfaʿ maqāman (m)	الأرفع مقاماً
Besitzer (m)	ṣāḥib (m)	صاحب

Untergeordnete (m)	tābeʿ (m)	تابع
Kollege (m), Kollegin (f)	zamīl (m)	زميل
Bekannte (m)	maʿrefa (m)	معرفة
Reisegefährte (m)	rafīʾ safar (m)	رفيق سفر
Mitschüler (m)	zamīl fel ṣaff (m)	زميل في الصفّ
Nachbar (m)	gār (m)	جار
Nachbarin (f)	gāra (f)	جارة
Nachbarn (pl)	gerān (pl)	جيران

54. Mann. Frau

Frau (f)	set (f)	ست
Mädchen (n)	bent (f)	بنت
Braut (f)	ʿarūsa (f)	عروسة
schöne	gamīla	جميلة
große	ṭawīla	طويلة
schlanke	raʃīqa	رشيقة
kleine (~ Frau)	ʾaṣīra	قصيرة
Blondine (f)	ʃaʾra (f)	شقراء
Brünette (f)	zāt al ʃaʿr el dāken (f)	ذات الشعر الداكن
Damen-	sayedāt	سيّدات
Jungfrau (f)	ʿazrāʾ (f)	عذراء
schwangere	ḥāmel	حامل
Mann (m)	rāgel (m)	راجل
Blonde (m)	aʃʾar (m)	أشقر
Brünette (m)	zu el ʃaʿr el dāken (m)	ذو الشعر الداكن
hoch	ṭawīl	طويل
klein	ʾaṣīr	قصير
grob	waqeḥ	وقح
untersetzt	malyān	مليان
robust	matīn	متين
stark	ʾawy	قوّي
Kraft (f)	ʾowwa (f)	قوّة
dick	teχīn	تخين
dunkelhäutig	asmar	أسمر
schlank	raʃīq	رشيق
elegant	anīq	أنيق

55. Alter

Alter (n)	ʿomr (m)	عمر
Jugend (f)	ʃabāb (m)	شباب
jung	ʃāb	شاب
jünger (~ als Sie)	aṣɣar	أصغر

älter (~ als ich)	akbar	أكبر
Junge (m)	ʃāb (m)	شاب
Teenager (m)	morāheq (m)	مراهق
Bursche (m)	ʃāb (m)	شاب
Greis (m)	ʿagūz (m)	عجوز
alte Frau (f)	ʿagūza (f)	عجوزة
Erwachsene (m)	rāʃed (m)	راشد
in mittleren Jahren	fe montaṣaf el ʿomr	في منتصف العمر
älterer (Adj)	ʿagūz	عجوز
alt (Adj)	ʿagūz	عجوز
Ruhestand (m)	maʿāʃ (m)	معاش
in Rente gehen	oḥīl ʿala el maʿāʃ	أحيل على المعاش
Rentner (m)	motaqāʿed (m)	متقاعد

56. Kinder

Kind (n)	ṭefl (m)	طفل
Kinder (pl)	aṭfāl (pl)	أطفال
Zwillinge (pl)	taw'am (du)	توأم
Wiege (f)	mahd (m)	مهد
Rassel (f)	χoʃχeyʃa (f)	خشخيشة
Windel (f)	bambarz, ḥaffāḍ (m)	بامبرز، حفاض
Schnuller (m)	bazzāza (f)	بزّازة
Kinderwagen (m)	ʿarabet aṭfāl (f)	عربة أطفال
Kindergarten (m)	rawḍet aṭfāl (f)	روضة أطفال
Kinderfrau (f)	dāda (f)	دادة
Kindheit (f)	ṭofūla (f)	طفولة
Puppe (f)	ʿarūsa (f)	عروسة
Spielzeug (n)	leʿba (f)	لعبة
Baukasten (m)	mokaʿʿabāt (pl)	مكعّبات
wohlerzogen	mo'addab	مؤدّب
ungezogen	'alīl el adab	قليل الأدب
verwöhnt	metdallaʿ	متدلّع
unartig sein	ʃefy	شقي
unartig	laʿūb	لعوب
Unart (f)	ezʿāg (m)	إزعاج
Schelm (m)	ṭefl laʿūb (m)	طفل لعوب
gehorsam	moṭeeʿ	مطيع
ungehorsam	ʿāq	عاقّ
fügsam	ʿā'el	عاقل
klug	zaky	ذكي
Wunderkind (n)	ṭefl moʿgeza (m)	طفل معجزة

57. Ehepaare. Familienleben

küssen (vt)	bās	باس
sich küssen	bās	باس
Familie (f)	'eyla (f)	عيلة
Familien-	'ā'ely	عائلي
Paar (n)	gozeyn (du)	جوزين
Ehe (f)	gawāz (m)	جواز
Heim (n)	beyt (m)	بيت
Dynastie (f)	solāla ḥākema (f)	سلالة حاكمة
Rendezvous (n)	maw'ed (m)	موّعد
Kuss (m)	bosa (f)	بوسة
Liebe (f)	ḥobb (m)	حبّ
lieben (vt)	ḥabb	حبّ
geliebt	ḥabīb	حبيب
Zärtlichkeit (f)	ḥanān (m)	حنان
zärtlich	ḥanūn	حنون
Treue (f)	el eχlāṣ (m)	الإخلاص
treu (Adj)	moχleṣ	مخلص
Fürsorge (f)	'enāya (f)	عناية
sorgsam	mohtamm	مهتمّ
Frischvermählte (pl)	'arūseyn (du)	عروسين
Flitterwochen (pl)	ʃahr el 'asal (m)	شهر العسل
heiraten (einen Mann ~)	tagawwaz	تجوّز
heiraten (ein Frau ~)	tagawwaz	تجوّز
Hochzeit (f)	faraḥ (m)	فرح
goldene Hochzeit (f)	el zekra el χamsīn lel gawāz (f)	الذكرى الخمسين للجواز
Jahrestag (m)	zekra sanawiya (f)	ذكرى سنوية
Geliebte (m)	ḥabīb (m)	حبيب
Geliebte (f)	ḥabība (f)	حبيبة
Ehebruch (m)	χeyāna zawgiya (f)	خيانة زوّجية
Ehebruch begehen	χān	خان
eifersüchtig	ɣayūr	غيّور
eifersüchtig sein	ɣār	غار
Scheidung (f)	ṭalā' (m)	طلاق
sich scheiden lassen	ṭalla'	طلّق
streiten (vi)	etχāne'	إتخانق
sich versöhnen	taṣālaḥ	تصالح
zusammen (Adv)	ma' ba'ḍ	مع بعض
Sex (m)	ginss (m)	جنس
Glück (n)	sa'āda (f)	سعادة
glücklich	sa'īd	سعيد
Unglück (n)	moṣība (m)	مصيبة
unglücklich	ta'īs	تعيس

Charakter. Empfindungen. Gefühle

58. Empfindungen. Gefühle

Gefühl (n)	ʃo'ūr (m)	شعور
Gefühle (pl)	maʃā'er (pl)	مشاعر
fühlen (vt)	ʃa'ar	شعر
Hunger (m)	gū' (m)	جوع
hungrig sein	'āyez 'ākol	عايز آكل
Durst (m)	'aṭaʃ (m)	عطش
Durst haben	'āyez aʃrab	عايز أشرب
Schläfrigkeit (f)	ne'ās (m)	نعاس
schlafen wollen	ne'es	نعس
Müdigkeit (f)	ta'ab (m)	تعب
müde	ta'bān	تعبان
müde werden	te'eb	تعب
Laune (f)	mazāg (m)	مزاج
Langeweile (f)	malal (m)	ملل
sich langweilen	zehe'	زهق
Zurückgezogenheit (n)	'ozla (f)	عزلة
sich zurückziehen	'azal	عزل
beunruhigen (vt)	a'la'	أقلق
sorgen (vi)	'ele'	قلق
Besorgnis (f)	'ala' (m)	قلق
Angst (~ um ...)	'ala' (m)	قلق
besorgt (Adj)	maʃɣūl el bāl	مشغول البال
nervös sein	etwattar	إتوّتر
in Panik verfallen (vi)	etχaḍḍ	إتخضّ
Hoffnung (f)	amal (m)	أمل
hoffen (vi)	tamanna	تمنّى
Sicherheit (f)	yaqīn (m)	يقين
sicher	mota'akked	متأكّد
Unsicherheit (f)	'adam el ta'akkod (m)	عدم التأكّد
unsicher	meʃ mota'akked	مش متأكّد
betrunken	sakrān	سكران
nüchtern	ṣāḥy	صاحي
schwach	ḍa'īf	ضعيف
glücklich	sa'īd	سعيد
erschrecken (vt)	χawwef	خوّف
Wut (f)	ɣaḍab ʃedīd (m)	غضب شديد
Rage (f)	ɣaḍab (m)	غضب
Depression (f)	ekte'āb (m)	إكتئاب
Unbehagen (n)	'adam erteyāḥ (m)	عدم إرتياح

Komfort (m)	rāḥa (f)	راحة
bedauern (vt)	nedem	ندم
Bedauern (n)	nadam (m)	ندم
Missgeschick (n)	sū' ḥazẓ (m)	سوء حظ
Kummer (m)	ḥozn (f)	حزن
Scham (f)	χagal (m)	خجل
Freude (f)	faraḥ (m)	فرح
Begeisterung (f)	ḥamās (m)	حماس
Enthusiast (m)	motaḥammes (m)	متحمّس
Begeisterung zeigen	taḥammas	تحمّس

59. Charakter. Persönlichkeit

Charakter (m)	ʃaχṣiya (f)	شخصية
Charakterfehler (m)	ʿeyb (m)	عيب
Verstand (m), Vernunft (f)	ʿa'l (m)	عقل
Gewissen (n)	ḍamīr (m)	ضمير
Gewohnheit (f)	ʿāda (f)	عادة
Fähigkeit (f)	qodra (f)	قدرة
können (v mod)	ʿeref	عرف
geduldig	ṣabūr	صبور
ungeduldig	'alīl el ṣabr	قليل الصبر
neugierig	foḍūly	فضولي
Neugier (f)	foḍūl (m)	فضول
Bescheidenheit (f)	tawāḍoʿ (m)	تواضع
bescheiden	motawāḍeʿ	متواضع
unbescheiden	meʃ motawāḍeʿ	مش متواضع
Faulheit (f)	kasal (m)	كسل
faul	kaslān	كسلان
Faulenzer (m)	kaslān (m)	كسلان
Listigkeit (f)	makr (m)	مكر
listig	makkār	مكّار
Misstrauen (n)	ʿadam el seqa (m)	عدم الثقة
misstrauisch	ʃakkāk	شكّاك
Freigebigkeit (f)	karam (m)	كرم
freigebig	karīm	كريم
talentiert	mawhūb	موهوب
Talent (n)	mawheba (f)	موهبة
tapfer	ʃogāʿ	شجاع
Tapferkeit (f)	ʃagāʿa (f)	شجاعة
ehrlich	amīn	أمين
Ehrlichkeit (f)	amāna (f)	أمانة
vorsichtig	ḥazer	حذر
tapfer	ʃogāʿ	شجاع
ernst	gād	جاد

streng	ṣārem	صارم
entschlossen	ḥāsem	حاسم
unentschlossen	motaradded	متردّد
schüchtern	χagūl	خجول
Schüchternheit (f)	χagal (m)	خجل
Vertrauen (n)	seqa (f)	ثقة
vertrauen (vi)	wasaq	وثق
vertrauensvoll	saree' el taṣdīq	سريع التصديق
aufrichtig (Adv)	beṣarāḥa	بصراحة
aufrichtig (Adj)	moχleṣ	مخلص
Aufrichtigkeit (f)	eχlāṣ (m)	إخلاص
offen	ṣarīḥ	صريح
still (Adj)	hady	هادئ
freimütig	ṣarīḥ	صريح
naiv	sāzeg	ساذج
zerstreut	ʃāred el fekr	شارد الفكر
drollig, komisch	modḥek	مضحك
Gier (f)	boχl (m)	بخل
habgierig	ṭammā'	طماع
geizig	baχīl	بخيل
böse	ʃerrīr	شرير
hartnäckig	'anīd	عنيد
unangenehm	karīh	كريه
Egoist (m)	anāny (m)	أناني
egoistisch	anāny	أناني
Feigling (m)	gabān (m)	جبان
feige	gabān	جبان

60. Schlaf. Träume

schlafen (vi)	nām	نام
Schlaf (m)	nome (m)	نوم
Traum (m)	ḥelm (m)	حلم
träumen (im Schlaf)	ḥelem	حلم
verschlafen	na'sān	نعسان
Bett (n)	serīr (m)	سرير
Matratze (f)	martaba (f)	مرتبة
Decke (f)	baṭṭaniya (f)	بطّانيّة
Kissen (n)	maχadda (f)	مخدّة
Laken (n)	melāya (f)	ملاية
Schlaflosigkeit (f)	araq (m)	أرق
schlaflos	bodūn nome	بدون نوم
Schlafmittel (n)	monawwem (m)	منوّم
Schlafmittel nehmen	aχad monawwem	اخد منوّم
schlafen wollen	ne'es	نعس
gähnen (vi)	ettāweb	إتّاوب

schlafen gehen	rāḥ lel serīr	راح للسرير
das Bett machen	waḍḍab el serīr	وضّب السرير
einschlafen (vi)	nām	نام
Alptraum (m)	kabūs (m)	كابوس
Schnarchen (n)	ʃeχīr (m)	شخير
schnarchen (vi)	ʃakχar	شخّر
Wecker (m)	monabbeh (m)	منبّه
aufwecken (vt)	ṣaḥḥa	صحّى
erwachen (vi)	ṣeḥy	صحي
aufstehen (vi)	ʾām	قام
sich waschen	ɣasal	غسل

61. Humor. Lachen. Freude

Humor (m)	hezār (m)	هزار
Sinn (m) für Humor	ḥess fokāhy (m)	حسّ فكاهي
sich amüsieren	estamtaʿ	إستمتع
froh (Adj)	farḥān	فرحان
Fröhlichkeit (f)	bahga (f)	بهجة
Lächeln (n)	ebtesāma (f)	إبتسامة
lächeln (vi)	ebtasam	إبتسم
auflachen (vi)	badaʾ yeḍḥak	بدأ يضحك
lachen (vi)	ḍeḥek	ضحك
Lachen (n)	ḍeḥka (f)	ضحكة
Anekdote, Witz (m)	ḥekāya (f)	حكاية
lächerlich	moḍḥek	مضحك
komisch	moḍḥek	مضحك
Witz machen	hazzar	هزّر
Spaß (m)	nokta (f)	نكتة
Freude (f)	saʿāda (f)	سعادة
sich freuen	mereḥ	مرح
froh (Adj)	saʿīd	سعيد

62. Diskussion, Unterhaltung. Teil 1

Kommunikation (f)	tawāṣol (m)	تواصل
kommunizieren (vi)	tawāṣal	تواصل
Konversation (f)	moḥadsa (f)	محادثة
Dialog (m)	ḥewār (m)	حوار
Diskussion (f)	monaʾʃa (f)	مناقشة
Streitgespräch (n)	χelāf (m)	خلاف
streiten (vi)	χālef	خالف
Gesprächspartner (m)	muḥāwer (m)	محاوِر
Thema (n)	mawḍūʿ (m)	موضوع
Gesichtspunkt (m)	weg-het naẓar (f)	وجهة نظر

Meinung (f)	ra'yī (m)	رأي
Rede (f)	χeṭāb (m)	خطاب
Besprechung (f)	mona'ʃa (f)	مناقشة
besprechen (vt)	nā'eʃ	ناقش
Gespräch (n)	ḥadīs (m)	حديث
Gespräche führen	dardeʃ	دردش
Treffen (n)	leqā' (m)	لقاء
sich treffen	'ābel	قابل
Sprichwort (n)	masal (m)	مثل
Redensart (f)	maqūla (f)	مقولة
Rätsel (n)	loɣz (m)	لغز
ein Rätsel aufgeben	toʃakkel loɣz	تشكّل لغز
Parole (f)	kelmet el morūr (f)	كلمة مرور
Geheimnis (n)	serr (m)	سرّ
Eid (m), Schwur (m)	qasam (m)	قسم
schwören (vi, vt)	aqsam	أقسم
Versprechen (n)	wa'd (m)	وعد
versprechen (vt)	wa'ad	وعد
Rat (m)	naṣīḥa (f)	نصيحة
raten (vt)	naṣaḥ	نصح
einen Rat befolgen	tatabba' naṣīḥa	تتبّع نصيحة
gehorchen (jemandem ~)	aṭā'	أطاع
Neuigkeit (f)	aχbār (m)	أخبار
Sensation (f)	ḍagga (f)	ضجّة
Informationen (pl)	ma'lumāt (pl)	معلومات
Schlussfolgerung (f)	estentāg (f)	إستنتاج
Stimme (f)	ṣote (m)	صوت
Kompliment (n)	madḥ (m)	مدح
freundlich	laṭīf	لطيف
Wort (n)	kelma (f)	كلمة
Phrase (f)	'ebāra (f)	عبارة
Antwort (f)	gawāb (m)	جواب
Wahrheit (f)	ḥa'ī'a (f)	حقيقة
Lüge (f)	kezb (m)	كذب
Gedanke (m)	fekra (f)	فكرة
Idee (f)	fekra (f)	فكرة
Phantasie (f)	χayāl (m)	خيال

63. Diskussion, Unterhaltung. Teil 2

angesehen (Adj)	moḥtaram	محترم
respektieren (vt)	eḥtaram	إحترم
Respekt (m)	eḥterām (m)	إحترام
Sehr geehrter ...	'azīzy ...	عزيزي...
bekannt machen	'arraf	عرّف
kennenlernen (vt)	ta'arraf	تعرّف

Absicht (f)	niya (f)	نيّة
beabsichtigen (vt)	nawa	نوى
Wunsch (m)	omniya (f)	أمنية
wünschen (vt)	tamanna	تمنّى
Staunen (n)	mofag'a (f)	مفاجأة
erstaunen (vt)	fāga'	فاجئ
staunen (vi)	etfāge'	إتفاجئ
geben (vt)	edda	أدّى
nehmen (vt)	aχad	أخذ
herausgeben (vt)	radd	ردّ
zurückgeben (vt)	ragga'	رجّع
sich entschuldigen	e'tazar	إعتذر
Entschuldigung (f)	e'tezār (m)	إعتذار
verzeihen (vt)	'afa	عفا
sprechen (vi)	etkallem	إتكلّم
hören (vt), zuhören (vi)	seme'	سمع
sich anhören	seme'	سمع
verstehen (vt)	fehem	فهم
zeigen (vt)	'araḍ	عرض
ansehen (vt)	baṣṣ	بصّ
rufen (vt)	nāda	نادى
belästigen (vt)	ʃaɣal	شغل
stören (vt)	az'ag	أزعج
übergeben (vt)	sallem	سلّم
Bitte (f)	ṭalab (m)	طلب
bitten (vt)	ṭalab	طلب
Verlangen (n)	maṭlab (m)	مطلب
verlangen (vt)	ṭāleb	طالب
necken (vt)	ɣāẓ	غاظ
spotten (vi)	saχar	سخر
Spott (m)	soχreya (f)	سخرية
Spitzname (m)	esm el ʃohra (m)	اسم الشهرة
Andeutung (f)	talmīḥ (m)	تلميح
andeuten (vt)	lammaḥ	لمّح
meinen (vt)	'aṣad	قصد
Beschreibung (f)	waṣf (m)	وصف
beschreiben (vt)	waṣaf	وصف
Lob (n)	madḥ (m)	مدح
loben (vt)	madaḥ	مدح
Enttäuschung (f)	χeybet amal (f)	خيبة أمل
enttäuschen (vt)	χayab	خيّب
enttäuscht sein	χābet 'āmalo	خابت آماله
Vermutung (f)	efterāḍ (m)	إفتراض
vermuten (vt)	eftaraḍ	إفترض
Warnung (f)	taḥzīr (m)	تحذير
warnen (vt)	ḥazzar	حذّر

64. Diskussion, Unterhaltung. Teil 3

überreden (vt)	aqna'	أقنع
beruhigen (vt)	ṭam'an	طمأن
Schweigen (n)	sokūt (m)	سكوت
schweigen (vi)	seket	سكت
flüstern (vt)	hamas	همس
Flüstern (n)	hamsa (f)	همسة
offen (Adv)	beṣarāḥa	بصراحة
meiner Meinung nach ...	fi ra'yi ...	في رأيي ...
Detail (n)	tafṣīl (m)	تفصيل
ausführlich (Adj)	mofaṣṣal	مفصّل
ausführlich (Adv)	bel tafṣīl	بالتفصيل
Tipp (m)	talmīḥ (m)	تلميح
einen Tipp geben	edda lamḥa	أدى لمحة
Blick (m)	naẓra (f)	نظرة
anblicken (vt)	alqa nazra	ألقى نظرة
starr (z.B. -en Blick)	sābet	ثابت
blinzeln (mit den Augen)	ramaʃ	رمش
zwinkern (mit den Augen)	ɣamaz	غمز
nicken (vi)	haz rāso	هزّ رأسه
Seufzer (m)	tanhīda (f)	تنهيدة
aufseufzen (vi)	tanahhad	تنهّد
zusammenzucken (vi)	erta'aʃ	ارتعش
Geste (f)	eʃāret yad (f)	إشارة يد
berühren (vt)	lamas	لمس
ergreifen (vt)	mesek	مسك
klopfen (vt)	ḥazz	حزّ
Vorsicht!	χally bālak!	خللي بالك!
Wirklich?	fe'lan	فعلاً؟
Sind Sie sicher?	enta mota'akked?	أنت متأكّد؟
Viel Glück!	bel tawfī'!	بالتوفيق!
Klar!	wāḍeḥ!	واضح!
Schade!	ya χesāra!	يا خسارة!

65. Zustimmung. Ablehnung

Einverständnis (n)	mowafa'a (f)	موافقة
zustimmen (vi)	wāfe'	وافق
Billigung (f)	'obūl (m)	قبول
billigen (vt)	'abal	قبل
Absage (f)	rafḍ (m)	رفض
sich weigern	rafaḍ	رفض
Ausgezeichnet!	'azīm!	عظيم!
Ganz recht!	tamām!	تمام!

Gut! Okay!	ettafa'na!	إتّفقنا!
verboten (Adj)	mamnū'	ممنوع
Es ist verboten	mamnū'	ممنوع
Es ist unmöglich	mostaḥīl	مستحيل
falsch	ɣeleṭ	غلط
ablehnen (vt)	rafaḍ	رفض
unterstützen (vt)	ayed	أيّد
akzeptieren (vt)	'abal	قبل
bestätigen (vt)	akkad	أكّد
Bestätigung (f)	ta'kīd (m)	تأكيد
Erlaubnis (f)	samāḥ (m)	سماح
erlauben (vt)	samaḥ	سمح
Entscheidung (f)	qarār (m)	قرار
schweigen (nicht antworten)	ṣamt	صمت
Bedingung (f)	ʃarṭ (m)	شرط
Ausrede (f)	'ozr (m)	عذر
Lob (n)	madḥ (m)	مدح
loben (vt)	madaḥ	مدح

66. Erfolg. Alles Gute. Misserfolg

Erfolg (m)	nagāḥ (m)	نجاح
erfolgreich (Adv)	be nagāḥ	بنجاح
erfolgreich (Adj)	nāgeḥ	ناجح
Glück (Glücksfall)	ḥazz (m)	حظّ
Viel Glück!	bel tawfī'!	بالتوفيق!
Glücks- (z.B. -tag)	maḥẓūẓ	محظوظ
glücklich (Adj)	maḥẓūẓ	محظوظ
Misserfolg (m)	faʃal (m)	فشل
Missgeschick (n)	sū' el ḥazz (m)	سوء الحظّ
Unglück (n)	sū' el ḥazz (m)	سوء الحظّ
missglückt (Adj)	ɣayr nāgeḥ	غير ناجح
Katastrophe (f)	karsa (f)	كارثة
Stolz (m)	faχr (m)	فخر
stolz	faχūr	فخور
stolz sein	eftaχar	إفتخر
Sieger (m)	fā'ez (m)	فائز
siegen (vi)	fāz	فاز
verlieren (Spiel usw.)	χeser	خسر
Versuch (m)	moḥawla (f)	محاولة
versuchen (vt)	ḥāwel	حاول
Chance (f)	forṣa (f)	فرصة

67. Streit. Negative Gefühle

Schrei (m)	ṣarχa (f)	صرخة
schreien (vi)	ṣarraχ	صرّخ

beginnen zu schreien	ṣarraχ	صرّخ
Zank (m)	χenā'a (f)	خناقة
sich zanken	etχāne'	إتخانق
Riesenkrach (m)	χenā'a (f)	خناقة
Krach haben	taʃāgar	تشاجر
Konflikt (m)	χelāf (m)	خلاف
Missverständnis (n)	sū' tafāhom (m)	سوء تفاهم
Kränkung (f)	ehāna (f)	إهانة
kränken (vt)	ahān	أهان
gekränkt (Adj)	mohān	مهان
Beleidigung (f)	esteyā' (m)	إستياء
beleidigen (vt)	ahān	أهان
sich beleidigt fühlen	estā'	إستاء
Empörung (f)	saχṭ (m)	سخط
sich empören	estā'	إستاء
Klage (f)	ʃakwa (f)	شكوى
klagen (vi)	ʃaka	شكا
Entschuldigung (f)	e'tezār (m)	إعتذار
sich entschuldigen	e'tazar	إعتذر
um Entschuldigung bitten	e'tazar	إعتذر
Kritik (f)	naqd (m)	نقد
kritisieren (vt)	naqad	نقد
Anklage (f)	ettehām (m)	إتّهام
anklagen (vt)	ettaham	إتّهم
Rache (f)	enteqām (m)	إنتقام
rächen (vt)	entaqam	إنتقم
sich rächen	radd	ردّ
Verachtung (f)	ezderā' (m)	إزدراء
verachten (vt)	eḥtaqar	إحتقر
Hass (m)	korh (f)	كره
hassen (vt)	kereh	كره
nervös	'aṣaby	عصبي
nervös sein	etwattar	إتوّتر
verärgert	ɣaḍbān	غضبان
ärgern (vt)	narfez	نرفز
Erniedrigung (f)	ezlāl (m)	إذلال
erniedrigen (vt)	zallel	ذلّل
sich erniedrigen	tazallal	تذلّل
Schock (m)	ṣadma (f)	صدمة
schockieren (vt)	ṣadam	صدم
Ärger (m)	moʃkela (f)	مشكلة
unangenehm	karīh	كريه
Angst (f)	χofe (m)	خوف
furchtbar (z.B. -e Sturm)	ʃedīd	شديد
schrecklich	moχīf	مخيف

Entsetzen (n)	ro'b (m)	رعب
entsetzlich	baʃe'	بشع
zittern (vi)	erta'aʃ	إرتعش
weinen (vi)	baka	بكى
anfangen zu weinen	bada' yebky	بدأ يبكي
Träne (f)	dama'a (f)	دمعة
Schuld (f)	ɣalṭa (f)	غلطة
Schuldgefühl (n)	zanb (m)	ذنب
Schmach (f)	'ār (m)	عار
Protest (m)	eḥtegāg (m)	إحتجاج
Stress (m)	tawattor (m)	توتّر
stören (vt)	az'ag	أزعج
sich ärgern	ɣeḍeb	غضب
ärgerlich	ɣaḍbān	غضبان
abbrechen (vi)	anha	أنهى
schelten (vi)	ʃatam	شتم
erschrecken (vi)	χāf	خاف
schlagen (vt)	ḍarab	ضرب
sich prügeln	χāne'	خانق
beilegen (Konflikt usw.)	sawwa	سوّى
unzufrieden	meʃ rāḍy	مش راضي
wütend	ɣaḍbān	غضبان
Das ist nicht gut!	keda meʃ kwayes!	كده مش كويّس!
Das ist schlecht!	keda weḥeʃ!	كده وحش!

Medizin

68. Krankheiten

Krankheit (f)	maraḍ (m)	مرض
krank sein	mereḍ	مرض
Gesundheit (f)	ṣeḥḥa (f)	صحّة
Schnupfen (m)	raʃ-ḥ fel anf (m)	رشح في الأنف
Angina (f)	eltehāb el lawzateyn (m)	إلتهاب اللوزتين
Erkältung (f)	zokām (m)	زكام
sich erkälten	gālo bard	جاله برد
Bronchitis (f)	eltehāb ʃoʿaby (m)	إلتهاب شعبيّ
Lungenentzündung (f)	eltehāb raʾawy (m)	إلتهاب رئوي
Grippe (f)	influenza (f)	إنفلونزا
kurzsichtig	ʾaṣīr el naẓar	قصير النظر
weitsichtig	beʿīd el naẓar	بعيد النظر
Schielen (n)	ḥawal (m)	حوَل
schielend (Adj)	aḥwal	أحوَل
grauer Star (m)	katarakt (f)	كاتاراكت
Glaukom (n)	glawkoma (f)	جلوكوما
Schlaganfall (m)	sakta (f)	سكتة
Infarkt (m)	azma ʾalbiya (f)	أزمة قلبية
Herzinfarkt (m)	nawba ʾalbiya (f)	نوبة قلبية
Lähmung (f)	ʃalal (m)	شلل
lähmen (vt)	ʃall	شلّ
Allergie (f)	ḥasasiya (f)	حساسيّة
Asthma (n)	rabw (m)	ربو
Diabetes (m)	dāʾ el sokkary (m)	داء السكّري
Zahnschmerz (m)	alam asnān (m)	ألم الأسنان
Karies (f)	naχr el asnān (m)	نخر الأسنان
Durchfall (m)	es-hāl (m)	إسهال
Verstopfung (f)	emsāk (m)	إمساك
Magenverstimmung (f)	edṭrāb el meʿda (m)	إضطراب المعدة
Vergiftung (f)	tasammom (m)	تسمّم
Vergiftung bekommen	etsammem	إتسمّم
Arthritis (f)	eltehāb el mafāṣel (m)	إلتهاب المفاصل
Rachitis (f)	kosāḥ el aṭfāl (m)	كساح الأطفال
Rheumatismus (m)	rheumatism (m)	روماتزم
Atherosklerose (f)	taṣṣallob el ʃarayīn (m)	تصلّب الشرايين
Gastritis (f)	eltehāb el meʿda (m)	إلتهاب المعدة
Blinddarmentzündung (f)	eltehāb el zayda el dūdiya (m)	إلتهاب الزائدة الدودية

Cholezystitis (f)	eltehāb el marāra (m)	إلتهاب المرارة
Geschwür (n)	qorḥa (f)	قرحة
Masern (pl)	maraḍ el ḥaṣba (m)	مرض الحصبة
Röteln (pl)	el ḥaṣba el almaniya (f)	الحصبة الألمانية
Gelbsucht (f)	yaraqān (m)	يرقان
Hepatitis (f)	eltehāb el kabed el vayrūsy (m)	إلتهاب الكبد الفيروسي
Schizophrenie (f)	fuṣām (m)	فصام
Tollwut (f)	dā' el kalb (m)	داء الكلب
Neurose (f)	eḍṭrāb 'aṣaby (m)	إضطراب عصبي
Gehirnerschütterung (f)	ertegāg el moχ (m)	إرتجاج المخ
Krebs (m)	saraṭān (m)	سرطان
Sklerose (f)	taṣṣallob (m)	تصلّب
multiple Sklerose (f)	taṣṣallob mota'added (m)	تصلّب متعدّد
Alkoholismus (m)	edmān el χamr (m)	إدمان الخمر
Alkoholiker (m)	modmen el χamr (m)	مدمن الخمر
Syphilis (f)	syfilis el zehry (m)	سفلس الزهري
AIDS	el eydz (m)	الايدز
Tumor (m)	waram (m)	ورم
bösartig	χabīs	خبيث
gutartig	ḥamīd (m)	حميد
Fieber (n)	ḥomma (f)	حمّى
Malaria (f)	malaria (f)	ملاريا
Gangrän (f, n)	ɣanɣarīna (f)	غنغرينا
Seekrankheit (f)	dawār el baḥr (m)	دوار البحر
Epilepsie (f)	maraḍ el ṣara' (m)	مرض الصرع
Epidemie (f)	wabā' (m)	وباء
Typhus (m)	tyfus (m)	تيفوس
Tuberkulose (f)	maraḍ el soll (m)	مرض السلّ
Cholera (f)	kōlīra (f)	كوليرا
Pest (f)	ṭa'ūn (m)	طاعون

69. Symptome. Behandlungen. Teil 1

Symptom (n)	'araḍ (m)	عرض
Temperatur (f)	ḥarāra (f)	حرارة
Fieber (n)	ḥomma (f)	حمّى
Puls (m)	nabḍ (m)	نبض
Schwindel (m)	dawχa (f)	دوخة
heiß (Stirne usw.)	soχn	سخن
Schüttelfrost (m)	ra'ʃa (f)	رعشة
blass (z.B. -es Gesicht)	aṣfar	أصفر
Husten (m)	koḥḥa (f)	كحّة
husten (vi)	kaḥḥ	كحّ
niesen (vi)	'aṭas	عطس

Ohnmacht (f)	dawχa (f)	دوخة
ohnmächtig werden	oɣma ʻaleyh	أغمي عليه
blauer Fleck (m)	kadma (f)	كدمة
Beule (f)	tawarrom (m)	تورّم
sich stoßen	etχabaṭ	إتخبط
Prellung (f)	raḍḍa (f)	رضّة
sich stoßen	etkadam	إتكدم
hinken (vi)	ʻarag	عرج
Verrenkung (f)	χalʻ (m)	خلع
ausrenken (vt)	χalaʻ	خلع
Fraktur (f)	kasr (m)	كسر
brechen (Arm usw.)	enkasar	إنكسر
Schnittwunde (f)	garḥ (m)	جرح
sich schneiden	garaḥ nafsoh	جرح نفسه
Blutung (f)	nazīf (m)	نزيف
Verbrennung (f)	ḥarʼ (m)	حرق
sich verbrennen	et-ḥaraʼ	إتحرق
stechen (vt)	waχaz	وخز
sich stechen	waχaz nafso	وخز نفسه
verletzen (vt)	aṣāb	أصاب
Verletzung (f)	eṣāba (f)	إصابة
Wunde (f)	garḥ (m)	جرح
Trauma (n)	ṣadma (f)	صدمة
irrereden (vi)	haza	هذى
stottern (vi)	talaʻsam	تلعثم
Sonnenstich (m)	ḍarabet ʃams (f)	ضربة شمس

70. Symptome. Behandlungen. Teil 2

Schmerz (m)	alam (m)	ألم
Splitter (m)	ʃazya (f)	شظية
Schweiß (m)	ʻerʼ (m)	عرق
schwitzen (vi)	ʻereʼ	عرق
Erbrechen (n)	targeeʻ (m)	ترجيع
Krämpfe (pl)	taʃonnogāt (pl)	تشنّجات
schwanger	ḥāmel	حامل
geboren sein	etwalad	اتولّد
Geburt (f)	welāda (f)	ولادة
gebären (vt)	walad	ولد
Abtreibung (f)	eg-hāḍ (m)	إجهاض
Atem (m)	tanaffos (m)	تنفّس
Atemzug (m)	estenʃāq (m)	إستنشاق
Ausatmung (f)	zafīr (m)	زفير
ausatmen (vt)	zafar	زفر
einatmen (vt)	estanʃaq	إستنشق

Invalide (m)	mo'āq (m)	معاق
Krüppel (m)	moq'ad (m)	مقعد
Drogenabhängiger (m)	modmen moχaddarāt (m)	مدمن مخدّرات
taub	aṭraʃ	أطرش
stumm	aχras	أخرس
taubstumm	aṭraʃ aχras	أطرش أخرس
verrückt (Adj)	magnūn (m)	مجنون
Irre (m)	magnūn (m)	مجنون
Irre (f)	magnūna (f)	مجنونة
den Verstand verlieren	etgannen	اتجنّن
Gen (n)	ʒīn (m)	جين
Immunität (f)	manā'a (f)	مناعة
erblich	werāsy	وراثي
angeboren	χolqy men el welāda	خلقي من الولادة
Virus (m, n)	virūs (m)	فيروس
Mikrobe (f)	mikrūb (m)	ميكروب
Bakterie (f)	garsūma (f)	جرثومة
Infektion (f)	'adwa (f)	عدوى

71. Symptome. Behandlungen. Teil 3

Krankenhaus (n)	mostaʃfa (m)	مستشفى
Patient (m)	marīḍ (m)	مريض
Diagnose (f)	taʃχīṣ (m)	تشخيص
Heilung (f)	ʃefā' (m)	شفاء
Behandlung (f)	'elāg ṭebby (m)	علاج طبي
Behandlung bekommen	et'āleg	اتعالج
behandeln (vt)	'ālag	عالج
pflegen (Kranke)	marraḍ	مرّض
Pflege (f)	'enāya (f)	عناية
Operation (f)	'amaliya grāḥiya (f)	عمليّة جراحية
verbinden (vt)	ḍammad	ضمّد
Verband (m)	taḍmīd (m)	تضميد
Impfung (f)	talqīḥ (m)	تلقيح
impfen (vt)	laqqaḥ	لقّح
Spritze (f)	ḥo'na (f)	حقنة
eine Spritze geben	ḥa'an ebra	حقن إبرة
Anfall (m)	nawba (f)	نوبة
Amputation (f)	batr (m)	بتر
amputieren (vt)	batr	بتر
Koma (n)	ɣaybūba (f)	غيبوبة
im Koma liegen	kān fi ḥālet ɣaybūba	كان في حالة غيبوبة
Reanimation (f)	el 'enāya el morakkaza (f)	العناية المركّزة
genesen von ... (vi)	ʃefy	شفي
Zustand (m)	ḥāla (f)	حالة

Bewusstsein (n)	wa'y (m)	وعي
Gedächtnis (n)	zākera (f)	ذاكرة
ziehen (einen Zahn ~)	χala'	خلع
Plombe (f)	ḥaʃww (m)	حشو
plombieren (vt)	ḥaʃa	حشا
Hypnose (f)	el tanwīm el meɣnaṭīsy (m)	التنويم المغناطيسي
hypnotisieren (vt)	nawwem	نوّم

72. Ärzte

Arzt (m)	doktore (m)	دكتور
Krankenschwester (f)	momarreḍa (f)	ممرّضة
Privatarzt (m)	doktore ʃaχṣy (m)	دكتور شخصي
Zahnarzt (m)	doktore asnān (m)	دكتور أسنان
Augenarzt (m)	doktore el 'oyūn (m)	دكتور العيون
Internist (m)	ṭabīb baṭna (m)	طبيب باطنة
Chirurg (m)	garrāḥ (m)	جرّاح
Psychiater (m)	doktore nafsāny (m)	دكتور نفساني
Kinderarzt (m)	doktore aṭfāl (m)	دكتور أطفال
Psychologe (m)	aχeṣā'y 'elm el nafs (m)	أخصائي علم النفس
Frauenarzt (m)	doktore nesa (m)	دكتور نسا
Kardiologe (m)	doktore 'alb (m)	دكتور قلب

73. Medizin. Medikamente. Accessoires

Arznei (f)	dawā' (m)	دواء
Heilmittel (n)	'elāg (m)	علاج
verschreiben (vt)	waṣaf	وصف
Rezept (n)	waṣfa (f)	وصفة
Tablette (f)	'orṣ (m)	قرص
Salbe (f)	marham (m)	مرهم
Ampulle (f)	ambūla (f)	أمبولة
Mixtur (f)	dawā' ʃorb (m)	دواء شراب
Sirup (m)	ʃarāb (m)	شراب
Pille (f)	ḥabba (f)	حبّة
Pulver (n)	zorūr (m)	ذرور
Verband (m)	ḍammāda ʃāʃ (f)	ضمادة شاش
Watte (f)	'oṭn (m)	قطن
Jod (n)	yūd (m)	يود
Pflaster (n)	blaster (m)	بلاستر
Pipette (f)	'aṭṭāra (f)	قطّارة
Thermometer (n)	termometr (m)	ترمومتر
Spritze (f)	serennga (f)	سرنّجة
Rollstuhl (m)	korsy motaḥarrek (m)	كرسي متحرك
Krücken (pl)	'okkāz (m)	عكّاز

Betäubungsmittel (n)	mosakken (m)	مسكّن
Abführmittel (n)	molayen (m)	مليّن
Spiritus (m)	etanol (m)	إيثانول
Heilkraut (n)	a'ʃāb ṭebbiya (pl)	أعشاب طبّية
Kräuter- (z.B. Kräutertee)	'oʃby	عشبي

74. Rauchen. Tabakwaren

Tabak (m)	tabɣ (m)	تبغ
Zigarette (f)	segāra (f)	سيجارة
Zigarre (f)	segār (m)	سيجار
Pfeife (f)	ɣelyone (m)	غليون
Packung (f)	'elba (f)	علبة
Streichhölzer (pl)	kebrīt (m)	كبريت
Streichholzschachtel (f)	'elbet kebrīt (f)	علبة كبريت
Feuerzeug (n)	wallā'a (f)	ولّاعة
Aschenbecher (m)	ṭa'ṭū'a (f)	طقطوقة
Zigarettenetui (n)	'elbet sagāyer (f)	علبة سجائر
Mundstück (n)	ḥamelet segāra (f)	حاملة سيجارة
Filter (n)	filter (m)	فلتر
rauchen (vi, vt)	dakχen	دخّن
anrauchen (vt)	walla' segāra	ولّع سيجارة
Rauchen (n)	tadχīn (m)	تدخين
Raucher (m)	modakχen (m)	مدخّن
Stummel (m)	'aqab segāra (m)	عقب سيجارة
Rauch (m)	dokχān (m)	دخّان
Asche (f)	ramād (m)	رماد

LEBENSRAUM DES MENSCHEN

Stadt

75. Stadt. Leben in der Stadt

Stadt (f)	madīna (f)	مدينة
Hauptstadt (f)	'āṣema (f)	عاصمة
Dorf (n)	qarya (f)	قرية
Stadtplan (m)	xarītet el madinah (f)	خريطة المدينة
Stadtzentrum (n)	west el balad (m)	وسط البلد
Vorort (m)	ḍāḥeya (f)	ضاحية
Vorort-	el ḍawāḥy	الضواحي
Stadtrand (m)	aṭrāf el madīna (pl)	أطراف المدينة
Umgebung (f)	ḍawāḥy el madīna (pl)	ضواحي المدينة
Stadtviertel (n)	ḥayī (m)	حي
Wohnblock (m)	ḥayī sakany (m)	حي سكني
Straßenverkehr (m)	ḥaraket el morūr (f)	حركة المرور
Ampel (f)	eʃārāt el morūr (pl)	إشارات المرور
Stadtverkehr (m)	wasā'el el na'l (pl)	وسائل النقل
Straßenkreuzung (f)	taqāṭo' (m)	تقاطع
Übergang (m)	ma'bar (m)	معبر
Fußgängerunterführung (f)	nafa' moʃāh (m)	نفق مشاه
überqueren (vt)	'abar	عبر
Fußgänger (m)	māʃy (m)	ماشي
Gehweg (m)	raṣīf (m)	رصيف
Brücke (f)	kobry (m)	كبري
Kai (m)	korneyʃ (m)	كورنيش
Springbrunnen (m)	nafūra (f)	نافورة
Allee (f)	mamʃa (m)	ممشى
Park (m)	ḥadīqa (f)	حديقة
Boulevard (m)	bolvār (m)	بولفار
Platz (m)	medān (m)	ميدان
Avenue (f)	ʃāre' (m)	شارع
Straße (f)	ʃāre' (m)	شارع
Gasse (f)	zo'ā' (m)	زقاق
Sackgasse (f)	ṭarī' masdūd (m)	طريق مسدود
Haus (n)	beyt (m)	بيت
Gebäude (n)	mabna (m)	مبنى
Wolkenkratzer (m)	nāṭeḥet sahāb (f)	ناطحة سحاب
Fassade (f)	waɣa (f)	واجهة
Dach (n)	sa'f (m)	سقف

Fenster (n)	ʃebbāk (m)	شبّاك
Bogen (m)	qose (m)	قوس
Säule (f)	ʿamūd (m)	عمود
Ecke (f)	zawya (f)	زاوية
Schaufenster (n)	vatrīna (f)	فترينة
Firmenschild (n)	yafṭa, lāfeta (f)	يافطة, لافتة
Anschlag (m)	boster (m)	بوستر
Werbeposter (m)	boster eʿlān (m)	بوستر إعلان
Werbeschild (n)	lawḥet eʿlanāt (f)	لوحة إعلانات
Müll (m)	zebāla (f)	زبالة
Mülleimer (m)	ṣandūʾ zebāla (m)	صندوق زبالة
Abfall wegwerfen	rama zebāla	رمى زبالة
Mülldeponie (f)	mazbala (f)	مزبلة
Telefonzelle (f)	koʃk telefōn (m)	كشك تليفون
Straßenlaterne (f)	ʿamūd nūr (m)	عمود نور
Bank (Park-)	korsy (m)	كرسي
Polizist (m)	ʃorṭy (m)	شرطي
Polizei (f)	ʃorṭa (f)	شرطة
Bettler (m)	ʃaḥḥāt (m)	شحّات
Obdachlose (m)	motaʃarred (m)	متشرّد

76. Innerstädtische Einrichtungen

Laden (m)	maḥal (m)	محل
Apotheke (f)	ṣaydaliya (f)	صيدليّة
Optik (f)	maḥal naḍḍārāt (m)	محل نضّارات
Einkaufszentrum (n)	mole (m)	مول
Supermarkt (m)	subermarket (m)	سوبرماركت
Bäckerei (f)	maχbaz (m)	مخبز
Bäcker (m)	χabbāz (m)	خبّاز
Konditorei (f)	ḥalawāny (m)	حلواني
Lebensmittelladen (m)	baʾʾāla (f)	بقّالة
Metzgerei (f)	gezāra (f)	جزارة
Gemüseladen (m)	dokkān χoḍār (m)	دكّان خضار
Markt (m)	sūʾ (f)	سوق
Kaffeehaus (n)	ʾahwa (f), kaféih (m)	قهوة, كافيه
Restaurant (n)	maṭʿam (m)	مطعم
Bierstube (f)	bār (m)	بار
Pizzeria (f)	maḥal pizza (m)	محل بيتزا
Friseursalon (m)	ṣalone ḥelāʾa (m)	صالون حلاقة
Post (f)	maktab el barīd (m)	مكتب البريد
chemische Reinigung (f)	dray klīn (m)	دراي كلين
Fotostudio (n)	estudio taṣwīr (m)	إستوديو تصوير
Schuhgeschäft (n)	maḥal gezam (m)	محل جزم
Buchhandlung (f)	maḥal kotob (m)	محل كتب

Sportgeschäft (n)	maḥal mostalzamāt reyaḍiya (m)	محل مستلزمات رياضية
Kleiderreparatur (f)	maḥal χeyāṭet malābes (m)	محل خياطة ملابس
Bekleidungsverleih (m)	ta'gīr malābes rasmiya (m)	تأجير ملابس رسمية
Videothek (f)	maḥal ta'gīr video (m)	محل تأجير فيديو
Zirkus (m)	serk (m)	سيرك
Zoo (m)	ḥadīqet el ḥayawān (f)	حديقة حيوان
Kino (n)	sinema (f)	سينما
Museum (n)	mat-ḥaf (m)	متحف
Bibliothek (f)	maktaba (f)	مكتبة
Theater (n)	masraḥ (m)	مسرح
Opernhaus (n)	obra (f)	أوبرا
Nachtklub (m)	malha leyly (m)	ملهى ليّلي
Kasino (n)	kazino (m)	كازينو
Moschee (f)	masged (m)	مسجد
Synagoge (f)	kenīs (m)	كنيس
Kathedrale (f)	katedra'iya (f)	كاتدرائية
Tempel (m)	ma'bad (m)	معبد
Kirche (f)	kenīsa (f)	كنيسة
Institut (n)	kolliya (m)	كليّة
Universität (f)	gam'a (f)	جامعة
Schule (f)	madrasa (f)	مدرسة
Präfektur (f)	moqaṭ'a (f)	مقاطعة
Rathaus (n)	baladiya (f)	بلديّة
Hotel (n)	fondo' (m)	فندق
Bank (f)	bank (m)	بنك
Botschaft (f)	safāra (f)	سفارة
Reisebüro (n)	ʃerket seyāḥa (f)	شركة سياحة
Informationsbüro (n)	maktab el este'lāmāt (m)	مكتب الإستعلامات
Wechselstube (f)	ṣarrāfa (f)	صرّافة
U-Bahn (f)	metro (m)	مترو
Krankenhaus (n)	mostaʃfa (m)	مستشفى
Tankstelle (f)	maḥaṭṭet banzīn (f)	محطّة بنزين
Parkplatz (m)	maw'ef el 'arabeyāt (m)	موقف العربيات

77. Innerstädtischer Transport

Bus (m)	buṣ (m)	باص
Straßenbahn (f)	trām (m)	ترام
Obus (m)	trolly buṣ (m)	ترولي باص
Linie (f)	χaṭṭ (m)	خطّ
Nummer (f)	raqam (m)	رقم
mit ... fahren	rāḥ be ...	راح بـ ...
einsteigen (vi)	rekeb	ركب
aussteigen (aus dem Bus)	nezel men	نزل من

Haltestelle (f)	maw'af (m)	موقف
nächste Haltestelle (f)	el maḥaṭṭa el gaya (f)	المحطة الجاية
Endhaltestelle (f)	'āχer maw'af (m)	آخر موقف
Fahrplan (m)	gadwal (m)	جدول
warten (vi, vt)	estanna	إستنى
Fahrkarte (f)	tazkara (f)	تذكرة
Fahrpreis (m)	ogra (f)	أجرة
Kassierer (m)	kaʃier (m)	كاشيير
Fahrkartenkontrolle (f)	taftīʃ el tazāker (m)	تفتيش التذاكر
Fahrkartenkontrolleur (m)	mofatteʃ tazāker (m)	مفتش تذاكر
sich verspäten	met'akχer	متأخر
versäumen (Zug usw.)	ta'akχar	تأخر
sich beeilen	mesta'gel	مستعجل
Taxi (n)	taksi (m)	تاكسي
Taxifahrer (m)	sawwā' taksi (m)	سواق تاكسي
mit dem Taxi	bel taksi	بالتاكسي
Taxistand (m)	maw'ef taksi (m)	موقف تاكسي
ein Taxi rufen	kallem taksi	كلم تاكسي
ein Taxi nehmen	aχad taksi	أخد تاكسي
Straßenverkehr (m)	ḥaraket el morūr (f)	حركة المرور
Stau (m)	zaḥmet el morūr (f)	زحمة المرور
Hauptverkehrszeit (f)	sā'et el zorwa (f)	ساعة الذروة
parken (vi)	rakan	ركن
parken (vt)	rakan	ركن
Parkplatz (m)	maw'ef el 'arabeyāt (m)	موقف العربيات
U-Bahn (f)	metro (m)	مترو
Station (f)	maḥaṭṭa (f)	محطة
mit der U-Bahn fahren	aχad el metro	أخد المترو
Zug (m)	qeṭār, 'aṭṛ (m)	قطار
Bahnhof (m)	maḥaṭṭet qeṭār (f)	محطة قطار

78. Sehenswürdigkeiten

Denkmal (n)	temsāl (m)	تمثال
Festung (f)	'al'a (f)	قلعة
Palast (m)	'aṣr (m)	قصر
Schloss (n)	'al'a (f)	قلعة
Turm (m)	borg (m)	برج
Mausoleum (n)	ḍarīḥ (m)	ضريح
Architektur (f)	handasa me'māriya (f)	هندسة معمارية
mittelalterlich	men el qorūn el wosṭa	من القرون الوسطى
alt (antik)	'atīq	عتيق
national	waṭany	وطني
berühmt	maʃ-hūr	مشهور
Tourist (m)	sā'eḥ (m)	سائح
Fremdenführer (m)	morʃed (m)	مرشد

Ausflug (m)	gawla (f)	جولة
zeigen (vt)	warra	ورّى
erzählen (vt)	'āl	قال
finden (vt)	la'a	لقى
sich verlieren	ḍā'	ضاع
Karte (U-Bahn ~)	χarīṭa (f)	خريطة
Karte (Stadt-)	χarīṭa (f)	خريطة
Souvenir (n)	tezkār (m)	تذكار
Souvenirladen (m)	maḥal hadāya (m)	محل هدايا
fotografieren (vt)	ṣawwar	صوّر
sich fotografieren	etṣawwar	إتصوّر

79. Shopping

kaufen (vt)	eʃtara	إشترى
Einkauf (m)	ḥāga (f)	حاجة
einkaufen gehen	eʃtara	إشترى
Einkaufen (n)	ʃobbing (m)	شوبينج
offen sein (Laden)	maftūḥ	مفتوح
zu sein	moɣlaq	مغلق
Schuhe (pl)	gezam (pl)	جزم
Kleidung (f)	malābes (pl)	ملابس
Kosmetik (f)	mawād tagmīl (pl)	مواد تجميل
Lebensmittel (pl)	akl (m)	أكل
Geschenk (n)	hodiya (f)	هديّة
Verkäufer (m)	bayā' (m)	بيّاع
Verkäuferin (f)	bayā'a (f)	بيّاعة
Kasse (f)	ṣandū' el daf' (m)	صندوق الدفع
Spiegel (m)	merāya (f)	مراية
Ladentisch (m)	manḍada (f)	منضدة
Umkleidekabine (f)	ɣorfet el 'eyās (f)	غرفة القياس
anprobieren (vt)	garrab	جرّب
passen (Schuhe, Kleid)	nāseb	ناسب
gefallen (vi)	'agab	عجب
Preis (m)	se'r (m)	سعر
Preisschild (n)	tiket el se'r (m)	تيكت السعر
kosten (vt)	kallef	كلّف
Wie viel?	bekām?	بكام؟
Rabatt (m)	χaṣm (m)	خصم
preiswert	meʃ ɣāly	مش غالي
billig	reχīṣ	رخيص
teuer	ɣāly	غالي
Das ist teuer	da ɣāly	ده غالي
Verleih (m)	este'gār (m)	إستئجار
leihen, mieten (ein Auto usw.)	est'gar	إستأجر

Kredit (m), Darlehen (n)	e'temān (m)	إئتمان
auf Kredit	bel ta'seeṭ	بالتقسيط

80. Geld

Geld (n)	folūs (pl)	فلوس
Austausch (m)	taḥwīl 'omla (m)	تحويل عملة
Kurs (m)	se'r el ṣarf (m)	سعر الصرف
Geldautomat (m)	makinet ṣarrāf 'āly (f)	ماكينة صرّاف آلي
Münze (f)	'erʃ (m)	قرش
Dollar (m)	dolār (m)	دولار
Euro (m)	yoro (m)	يورو
Lira (f)	lira (f)	ليرة
Mark (f)	el mark el almāny (m)	المارك الألماني
Franken (m)	frank (m)	فرنك
Pfund Sterling (n)	geneyh esterlīny (m)	جنيه استرليني
Yen (m)	yen (m)	ين
Schulden (pl)	deyn (m)	دين
Schuldner (m)	modīn (m)	مدين
leihen (vt)	sallef	سلّف
leihen, borgen (Geld usw.)	estalaf	إستلف
Bank (f)	bank (m)	بنك
Konto (n)	ḥesāb (m)	حساب
einzahlen (vt)	awda'	أودع
auf ein Konto einzahlen	awda' fel ḥesāb	أودع في الحساب
abheben (vt)	saḥab men el ḥesāb	سحب من الحساب
Kreditkarte (f)	kredit kard (f)	كريدت كارد
Bargeld (n)	kæʃ (m)	كاش
Scheck (m)	ʃīk (m)	شيك
einen Scheck schreiben	katab ʃīk	كتب شيك
Scheckbuch (n)	daftar ʃikāt (m)	دفتر شيكات
Geldtasche (f)	maḥfaẓa (f)	محفظة
Geldbeutel (m)	maḥfazet fakka (f)	محفظة فكّة
Safe (m)	χazzāna (f)	خزّانة
Erbe (m)	wāres (m)	وارث
Erbschaft (f)	werāsa (f)	وراثة
Vermögen (n)	sarwa (f)	ثروة
Pacht (f)	'a'd el egār (m)	عقد الإيجار
Miete (f)	ogret el sakan (f)	أجرة السكن
mieten (vt)	est'gar	إستأجر
Preis (m)	se'r (m)	سعر
Kosten (pl)	taman (m)	ثمن
Summe (f)	mablaɣ (m)	مبلغ
ausgeben (vt)	ṣaraf	صرف
Ausgaben (pl)	maṣarīf (pl)	مصاريف

sparen (vt)	waffar	وفّر
sparsam	mowaffer	موفّر
zahlen (vt)	dafaʿ	دفع
Lohn (m)	dafʿ (m)	دفع
Wechselgeld (n)	el bāʾy (m)	الباقي
Steuer (f)	ḍarība (f)	ضريبة
Geldstrafe (f)	ɣarāma (f)	غرامة
bestrafen (vt)	faraḍ ɣarāma	فرض غرامة

81. Post. Postdienst

Post (Postamt)	maktab el barīd (m)	مكتب البريد
Post (Postsendungen)	el barīd (m)	البريد
Briefträger (m)	sāʿy el barīd (m)	ساعي البريد
Öffnungszeiten (pl)	awʾāt el ʿamal (pl)	أوقات العمل
Brief (m)	resāla (f)	رسالة
Einschreibebrief (m)	resāla mosaggala (f)	رسالة مسجّلة
Postkarte (f)	kart barīdy (m)	كرت بريدي
Telegramm (n)	barqiya (f)	برقيّة
Postpaket (n)	ṭard (m)	طرد
Geldanweisung (f)	ḥewāla māliya (f)	حوالة مالية
bekommen (vt)	estalam	إستلم
abschicken (vt)	arsal	أرسل
Absendung (f)	ersāl (m)	إرسال
Postanschrift (f)	ʿenwān (m)	عنوان
Postleitzahl (f)	raqam el barīd (m)	رقم البريد
Absender (m)	morsel (m)	مرسل
Empfänger (m)	morsel elayh (m)	مرسل إليه
Vorname (m)	esm (m)	اسم
Nachname (m)	esm el ʿaʾela (m)	اسم العائلة
Tarif (m)	taʿrīfa (f)	تعريفة
Standard- (Tarif)	ʿādy	عادي
Spar- (-tarif)	mowaffer	موفّر
Gewicht (n)	wazn (m)	وزن
abwiegen (vt)	wazan	وزن
Briefumschlag (m)	ẓarf (m)	ظرف
Briefmarke (f)	ṭābeʿ (m)	طابع
Briefmarke aufkleben	alṣaq ṭābeʿ	ألصق طابع

Wohnung. Haus. Zuhause

82. Haus. Wohnen

Haus (n)	beyt (m)	بيت
zu Hause	fel beyt	في البيت
Hof (m)	sāḥa (f)	ساحة
Zaun (m)	sūr (m)	سور
Ziegel (m)	ṭūb (m)	طوب
Ziegel-	men el ṭūb	من الطوب
Stein (m)	ḥagar (m)	حجر
Stein-	ḥagary	حجري
Beton (m)	χarasāna (f)	خرسانة
Beton-	χarasāny	خرساني
neu	gedīd	جديد
alt	'adīm	قديم
baufällig	'āayel lel soqūṭ	آيل للسقوط
modern	mo'āṣer	معاصر
mehrstöckig	mota'added el ṭawābeq	متعدّد الطوابق
hoch	'āly	عالي
Stock (m)	dore (m)	دور
einstöckig	zu ṭābeq wāḥed	ذو طابق واحد
Erdgeschoß (n)	el dore el awwal (m)	الدور الأوّل
oberster Stock (m)	ṭābe' 'olwy (m)	طابق علوي
Dach (n)	sa'f (m)	سقف
Schlot (m)	madχana (f)	مدخنة
Dachziegel (m)	qarmīd (m)	قرميد
Dachziegel-	men el qarmīd	من القرميد
Dachboden (m)	'elya (f)	علية
Fenster (n)	ʃebbāk (m)	شبّاك
Glas (n)	ezāz (m)	إزاز
Fensterbrett (n)	ḥāfet el ʃebbāk (f)	حافة الشبّاك
Fensterläden (pl)	ʃīʃ (m)	شيش
Wand (f)	ḥeyṭa (f)	حيطة
Balkon (m)	balakona (f)	بلكونة
Regenfallrohr (n)	masūret el taṣrīf (f)	ماسورة التصريف
nach oben	fo'e	فوق
hinaufgehen (vi)	ṭele'	طلع
herabsteigen (vi)	nezel	نزل
umziehen (vi)	na'al	نقل

83. Haus. Eingang. Lift

Eingang (m)	madχal (m)	مدخل
Treppe (f)	sellem (m)	سلّم
Stufen (pl)	daragāt (pl)	درجات
Geländer (n)	drabzīn (m)	درابزين
Halle (f)	ṣāla (f)	صالة
Briefkasten (m)	ṣandū' el barīd (m)	صندوق البريد
Müllkasten (m)	ṣandū' el zebāla (m)	صندوق الزبالة
Müllschlucker (m)	manfaz el zebāla (m)	منفذ الزبالة
Aufzug (m)	asanseyr (m)	اسانسير
Lastenaufzug (m)	asanseyr el ʃaḥn (m)	اسانسير الشحن
Aufzugkabine (f)	kabīna (f)	كابينة
Aufzug nehmen	rekeb el asanseyr	ركب الاسانسير
Wohnung (f)	ʃa''a (f)	شقّة
Mieter (pl)	sokkān (pl)	سكّان
Nachbar (m)	gār (m)	جار
Nachbarin (f)	gāra (f)	جارة
Nachbarn (pl)	gerān (pl)	جيران

84. Haus. Türen. Schlösser

Tür (f)	bāb (m)	باب
Tor (der Villa usw.)	bawwāba (f)	بوّابة
Griff (m)	okret el bāb (f)	اوكرة الباب
aufschließen (vt)	fataḥ	فتح
öffnen (vt)	fataḥ	فتح
schließen (vt)	'afal	قفل
Schlüssel (m)	meftāḥ (m)	مفتاح
Bündel (n)	rabṭa (f)	ربطة
knarren (vi)	ṣarr	صر
Knarren (n)	ṣarīr (m)	صرير
Türscharnier (n)	mafaṣṣla (f)	مفصّلة
Fußmatte (f)	seggādet bāb (f)	سجّادة باب
Schloss (n)	'efl el bāb (m)	قفل الباب
Schlüsselloch (n)	χorm el meftāḥ (m)	خرم المفتاح
Türriegel (m)	terbās (m)	ترباس
kleiner Türriegel (m)	terbās (m)	ترباس
Vorhängeschloss (n)	'efl (m)	قفل
klingeln (vi)	rann	رنّ
Klingel (Laut)	ranīn (m)	رنين
Türklingel (f)	garas (m)	جرس
Knopf (m)	zerr (m)	زرّ
Klopfen (n)	ṭar', da'' (m)	طرق, دقّ
anklopfen (vi)	χabbaṭ	خبّط

Code (m)	kōd (m)	كود
Zahlenschloss (n)	kōd (m)	كود
Sprechanlage (f)	garas el bāb (m)	جرس الباب
Nummer (f)	raqam (m)	رقم
Türschild (n)	lawḥa (f)	لوحة
Türspion (m)	el ʿeyn el seḥriya (m)	العين السحرية

85. Landhaus

Dorf (n)	qarya (f)	قرية
Gemüsegarten (m)	bostān χoḍār (m)	بستان خضار
Zaun (m)	sūr (m)	سور
Lattenzaun (m)	sūr (m)	سور
Zauntür (f)	bawwāba farʿiya (f)	بوّابة فرعيّة
Speicher (m)	ʃouna (f)	شونة
Keller (m)	serdāb (m)	سرداب
Schuppen (m)	saʾīfa (f)	سقيفة
Brunnen (m)	bīr (m)	بير
Ofen (m)	forn (m)	فرن
heizen (Ofen ~)	awqad el botogāz	أوقد البوتاجاز
Holz (n)	ḥaṭab (m)	حطب
Holzscheit (n)	ʾeṭʿet ḥaṭab (f)	قطعة حطب
Veranda (f)	varannda (f)	فاراندة
Terrasse (f)	ʃorfa (f)	شرفة
Außentreppe (f)	sellem (m)	سلّم
Schaukel (f)	morgeyḥa (f)	مرجيحة

86. Burg. Palast

Schloss (n)	ʾalʿa (f)	قلعة
Palast (m)	ʾaṣr (m)	قصر
Festung (f)	ʾalʿa (f)	قلعة
Mauer (f)	sūr (m)	سور
Turm (m)	borg (m)	برج
Bergfried (m)	borbg raʾīsy (m)	برج رئيسي
Fallgatter (n)	bāb motaḥarrek (m)	باب متحرّك
Tunnel (n)	serdāb (m)	سرداب
Graben (m)	χondoq māʾy (m)	خندق مائي
Kette (f)	selsela (f)	سلسلة
Schießscharte (f)	mozɣal (m)	مزغل
großartig, prächtig	rāʾeʿ	رائع
majestätisch	mohīb	مهيب
unnahbar	maneeʿ	منيع
mittelalterlich	men el qorūn el wosṭa	من القرون الوسطى

87. Wohnung

Wohnung (f)	ʃa''a (f)	شقّة
Zimmer (n)	oḍa (f)	أوضة
Schlafzimmer (n)	oḍet el nome (f)	أوضة النوم
Esszimmer (n)	oḍet el sofra (f)	أوضة السفرة
Wohnzimmer (n)	oḍet el esteqbāl (f)	أوضة الإستقبال
Arbeitszimmer (n)	maktab (m)	مكتب
Vorzimmer (n)	madχal (m)	مدخل
Badezimmer (n)	ḥammām (m)	حمّام
Toilette (f)	ḥammām (m)	حمّام
Decke (f)	sa'f (m)	سقف
Fußboden (m)	arḍiya (f)	أرضية
Ecke (f)	zawya (f)	زاوية

88. Wohnung. Saubermachen

aufräumen (vt)	naḍḍaf	نظّف
weglegen (vt)	ʃāl	شال
Staub (m)	ɣobār (m)	غبار
staubig	meɣabbar	مغبّر
Staub abwischen	masaḥ el ɣobār	مسح الغبار
Staubsauger (m)	maknasa kahraba'iya (f)	مكنسة كهربائيّة
Staub saugen	naḍḍaf be maknasa kahrabā'iya	نظّف بمكنسة كهربائيّة
kehren, fegen (vt)	kanas	كنس
Kehricht (m, n)	qomāma (f)	قمامة
Ordnung (f)	nezām (m)	نظام
Unordnung (f)	fawḍa (m)	فوضى
Schrubber (m)	ʃarʃūba (f)	شرشوبة
Lappen (m)	mamsaḥa (f)	ممسحة
Besen (m)	ma'sʃa (f)	مقشّة
Kehrichtschaufel (f)	lammāma (f)	لمّامة

89. Möbel. Innenausstattung

Möbel (n)	asās (m)	أثاث
Tisch (m)	maktab (m)	مكتب
Stuhl (m)	korsy (m)	كرسي
Bett (n)	serīr (m)	سرير
Sofa (n)	kanaba (f)	كنبة
Sessel (m)	korsy (m)	كرسي
Bücherschrank (m)	χazzānet kotob (f)	خزّانة كتب
Regal (n)	raff (m)	رفّ
Schrank (m)	dolāb (m)	دولاب
Hakenleiste (f)	ʃammā'a (f)	شمّاعة

Kleiderständer (m)	ʃammā'a (f)	شمّاعة
Kommode (f)	dolāb adrāg (m)	دولاب أدراج
Couchtisch (m)	ṭarabeyzet el 'ahwa (f)	طرابيزة القهوة
Spiegel (m)	merāya (f)	مراية
Teppich (m)	seggāda (f)	سجّادة
Matte (kleiner Teppich)	seggāda (f)	سجّادة
Kamin (m)	daffāya (f)	دفّاية
Kerze (f)	ʃam'a (f)	شمعة
Kerzenleuchter (m)	ʃam'adān (m)	شمعدان
Vorhänge (pl)	satā'er (pl)	ستائر
Tapete (f)	wara' ḥā'eṭ (m)	ورق حائط
Jalousie (f)	satā'er ofoqiya (pl)	ستائر أفقيّة
Tischlampe (f)	abāʒūr (f)	اباجورة
Leuchte (f)	lammbet ḥā'eṭ (f)	لمبة حائط
Stehlampe (f)	meṣbāḥ arḍy (m)	مصباح أرضي
Kronleuchter (m)	nagafa (f)	نجفة
Bein (Tischbein usw.)	regl (f)	رجل
Armlehne (f)	masnad (m)	مسند
Lehne (f)	masnad (m)	مسند
Schublade (f)	dorg (m)	درج

90. Bettwäsche

Bettwäsche (f)	bayāḍāt el serīr (pl)	بياضات السرير
Kissen (n)	maɣadda (f)	مخدّة
Kissenbezug (m)	kīs el maɣadda (m)	كيس المخدّة
Bettdecke (f)	leḥāf (m)	لحاف
Laken (n)	melāya (f)	ملاية
Tagesdecke (f)	ɣaṭā' el serīr (m)	غطاء السرير

91. Küche

Küche (f)	maṭbaɣ (m)	مطبخ
Gas (n)	ɣāz (m)	غاز
Gasherd (m)	botoɣāz (m)	بوتوغاز
Elektroherd (m)	forn kaharabā'y (m)	فرن كهربائي
Backofen (m)	forn (m)	فرن
Mikrowellenherd (m)	mikroweyv (m)	ميكروويف
Kühlschrank (m)	tallāga (f)	ثلاجة
Tiefkühltruhe (f)	freyzer (m)	فريزر
Geschirrspülmaschine (f)	ɣassālet aṭbā' (f)	غسّالة أطباق
Fleischwolf (m)	farrāmet laḥm (f)	فرّامة لحم
Saftpresse (f)	'aṣṣāra (f)	عصّارة
Toaster (m)	maḥmaṣet ɣobz (f)	محمصة خبز
Mixer (m)	ɣallāṭ (m)	خلّاط

Kaffeemaschine (f)	makinet ṣonʿ el ʾahwa (f)	ماكينة صنع القهوة
Kaffeekanne (f)	ɣallāya kahrabaʾiya (f)	غلّاية القهوة
Kaffeemühle (f)	maṭ-ḥanet ʾahwa (f)	مطحنة قهوة
Wasserkessel (m)	ɣallāya (f)	غلّاية
Teekanne (f)	barrād el ʃāy (m)	برّاد الشاي
Deckel (m)	ɣaṭāʾ (m)	غطاء
Teesieb (n)	maṣfāh el ʃāy (f)	مصفاة الشاي
Löffel (m)	maʿlaʾa (f)	معلقة
Teelöffel (m)	maʿlaʾet ʃāy (f)	معلقة شاي
Esslöffel (m)	maʿlaʾa kebīra (f)	ملعقة كبيرة
Gabel (f)	ʃawka (f)	شوكة
Messer (n)	sekkīna (f)	سكّينة
Geschirr (n)	awāny (pl)	أواني
Teller (m)	ṭabaʾ (m)	طبق
Untertasse (f)	ṭabaʾ fengān (m)	طبق فنجان
Schnapsglas (n)	kāsa (f)	كاسة
Glas (n)	kobbāya (f)	كوبّاية
Tasse (f)	fengān (m)	فنجان
Zuckerdose (f)	sokkariya (f)	سكّريّة
Salzstreuer (m)	mamlaḥa (f)	مملحة
Pfefferstreuer (m)	mobhera (f)	مبهرة
Butterdose (f)	ṭabaʾ zebda (m)	طبق زبدة
Kochtopf (m)	ḥalla (f)	حلّة
Pfanne (f)	ṭāsa (f)	طاسة
Schöpflöffel (m)	maɣrafa (f)	مغرفة
Durchschlag (m)	maṣfāh (f)	مصفاه
Tablett (n)	ṣeniya (f)	صينيّة
Flasche (f)	ezāza (f)	إزازة
Glas (Einmachglas)	barṭamān (m)	برطمان
Dose (f)	kanz (m)	كانز
Flaschenöffner (m)	fattāḥa (f)	فتّاحة
Dosenöffner (m)	fattāḥa (f)	فتّاحة
Korkenzieher (m)	barrīma (f)	بريّمة
Filter (n)	filter (m)	فلتر
filtern (vt)	ṣaffa	صفّى
Müll (m)	zebāla (f)	زبالة
Mülleimer, Treteimer (m)	ṣandūʾ el zebāla (m)	صندوق الزبالة

92. Bad

Badezimmer (n)	ḥammām (m)	حمّام
Wasser (n)	meyāh (f)	مياه
Wasserhahn (m)	ḥanafiya (f)	حنفيّة
Warmwasser (n)	maya soxna (f)	مايّة سخنة
Kaltwasser (n)	maya barda (f)	مايّة باردة

Zahnpasta (f)	ma'gūn asnān (m)	معجون أسنان
Zähne putzen	naḍḍaf el asnān	نظّف الأسنان
Zahnbürste (f)	forʃet senān (f)	فرشة أسنان
sich rasieren	ḥala'	حلق
Rasierschaum (m)	raɣwa lel ḥelā'a (f)	رغوة للحلاقة
Rasierer (m)	mūs (m)	موس
waschen (vt)	ɣasal	غسل
sich waschen	estaḥamma	إستحمّى
Dusche (f)	doʃ (m)	دوش
sich duschen	aχad doʃ	أخد دوش
Badewanne (f)	banyo (m)	بانيو
Klosettbecken (n)	twalet (m)	تواليت
Waschbecken (n)	ḥoḍe (m)	حوض
Seife (f)	ṣabūn (m)	صابون
Seifenschale (f)	ṣabbāna (f)	صبّانة
Schwamm (m)	līfa (f)	ليفة
Shampoo (n)	ʃambū (m)	شامبو
Handtuch (n)	fūṭa (f)	فوطة
Bademantel (m)	robe el ḥammām (m)	روب حمّام
Wäsche (f)	ɣasīl (m)	غسيل
Waschmaschine (f)	ɣassāla (f)	غسّالة
waschen (vt)	ɣasal el malābes	غسل الملابس
Waschpulver (n)	mas-ḥū' ɣasīl (m)	مسحوق غسيل

93. Haushaltsgeräte

Fernseher (m)	televizion (m)	تليفزيون
Tonbandgerät (n)	gehāz tasgīl (m)	جهاز تسجيل
Videorekorder (m)	'āla tasgīl video (f)	آلة تسجيل فيديو
Empfänger (m)	gehāz radio (m)	جهاز راديو
Player (m)	blayer (m)	بليير
Videoprojektor (m)	gehāz 'arḍ (m)	جهاز عرض
Heimkino (n)	sinema manzeliya (f)	سينما منزليّة
DVD-Player (m)	dividī blayer (m)	دي في دي بليير
Verstärker (m)	mokabbaer el ṣote (m)	مكبّر الصوت
Spielkonsole (f)	'ātāry (m)	أتاري
Videokamera (f)	kamera video (f)	كاميرا فيديو
Kamera (f)	kamera (f)	كاميرا
Digitalkamera (f)	kamera diʒital (f)	كاميرا ديجيتال
Staubsauger (m)	maknasa kahraba'iya (f)	مكنسة كهربائيّة
Bügeleisen (n)	makwa (f)	مكواة
Bügelbrett (n)	lawḥet kayī (f)	لوحة كيّ
Telefon (n)	telefon (m)	تليفون
Mobiltelefon (n)	mobile (m)	موبايل

Schreibmaschine (f)	'āla katba (f)	آلة كاتبة
Nähmaschine (f)	makanet el χeyāṭa (f)	مكنة الخياطة
Mikrophon (n)	mikrofon (m)	ميكروفون
Kopfhörer (m)	samma'āt ra'siya (pl)	سمّاعات رأسية
Fernbedienung (f)	remowt kontrol (m)	ريموت كنترول
CD (f)	sidī (m)	سي دي
Kassette (f)	kasett (m)	كاسيت
Schallplatte (f)	esṭewāna mūsīqa (f)	أسطوانة موسيقى

94. Reparaturen. Renovierung

Renovierung (f)	tagdīdāt (m)	تجديدات
renovieren (vt)	gadded	جدّد
reparieren (vt)	ṣallaḥ	صلّح
in Ordnung bringen	nazzam	نظّم
noch einmal machen	'ād	عاد
Farbe (f)	dehān (m)	دهان
streichen (vt)	dahhen	دهّن
Anstreicher (m)	dahhān (m)	دهّان
Pinsel (m)	forʃet dehān (f)	فرشاة الدهان
Kalkfarbe (f)	maḥlūl mobayeḍ (m)	محلول مبيّض
weißen (vt)	beyḍ	بيّض
Tapete (f)	wara' ḥā'eṭ (m)	ورق حائط
tapezieren (vt)	laṣaq wara' el ḥā'eṭ	لصق ورق الحائط
Lack (z.B. Parkettlack)	warnīʃ (m)	ورنيش
lackieren (vt)	ṭala bel warnīʃ	طلى بالورنيش

95. Rohrleitungen

Wasser (n)	meyāh (f)	مياه
Warmwasser (n)	maya soχna (f)	مايّة سخنة
Kaltwasser (n)	maya barda (f)	مايّة باردة
Wasserhahn (m)	ḥanafiya (f)	حنفيّة
Tropfen (m)	'aṭra (f)	قطرة
tropfen (vi)	'aṭṭar	قطّر
durchsickern (vi)	sarrab	سرّب
Leck (n)	tasarrob (m)	تسرب
Lache (f)	berka (f)	بركة
Rohr (n)	masūra (f)	ماسورة
Ventil (n)	ṣamām (m)	صمام
sich verstopfen	kān masdūd	كان مسدود
Werkzeuge (pl)	adawāt (pl)	أدوات
Engländer (m)	el meftāḥ el englīzy (m)	المفتاح الإنجليزي
abdrehen (vt)	fataḥ	فتح

zudrehen (vt)	aḥkam el ʃadd	أحكم الشدّ
reinigen (Rohre ~)	sallek	سلّك
Klempner (m)	samkary (m)	سمكري
Keller (m)	badrome (m)	بدروم
Kanalisation (f)	ʃabaket el magāry (f)	شبكة المجاري

96. Feuer. Brand

Feuer (n)	ḥarī' (m)	حريق
Flamme (f)	lahab (m)	لهب
Funke (m)	ʃarāra (f)	شرارة
Rauch (m)	dokχān (m)	دخّان
Fackel (f)	ʃo'la (f)	شعلة
Lagerfeuer (n)	nār moχayem (m)	نار مخيّم
Benzin (n)	banzīn (m)	بنزين
Kerosin (n)	kerosīn (m)	كيروسين
brennbar	qābel lel eḥterāq	قابل للإحتراق
explosiv	māda motafaggera	مادة متفجّرة
RAUCHEN VERBOTEN!	mamnū' el tadχīn	ممنوع التدخين
Sicherheit (f)	amn (m)	أمن
Gefahr (f)	χaṭar (m)	خطر
gefährlich	χaṭīr	خطير
sich entflammen	eʃta'al	إشتعل
Explosion (f)	enfegār (m)	إنفجار
in Brand stecken	aʃ'al el nār	أشعل النار
Brandstifter (m)	moʃ'el ḥarīq 'an 'amd (m)	مشعل حريق عن عمد
Brandstiftung (f)	eḥrāq el momtalakāt (m)	إحراق الممتلكات
flammen (vi)	awhag	أوهج
brennen (vi)	et-ḥara'	إتحرق
verbrennen (vi)	et-ḥara'	إتحرق
die Feuerwehr rufen	kallim 'ism el ḥarī'	كلّم قسم الحريق
Feuerwehrmann (m)	rāgel el maṭāfy (m)	راجل المطافي
Feuerwehrauto (n)	sayāret el maṭāfy (f)	سيّارة المطافي
Feuerwehr (f)	'esm el maṭāfy (f)	قسم المطافي
Drehleiter (f)	sellem el maṭāfy (m)	سلّم المطافي
Feuerwehrschlauch (m)	χarṭūm el mayya (m)	خرطوم الميّة
Feuerlöscher (m)	ṭaffayet ḥarī' (f)	طفّاية حريق
Helm (m)	χawza (f)	خوذة
Sirene (f)	sarīna (f)	سرينة
schreien (vi)	ṣarraχ	صرّخ
um Hilfe rufen	estaɣās	إستغاث
Retter (m)	monqez (m)	منقذ
retten (vt)	anqaz	أنقذ
ankommen (vi)	weṣel	وصل
löschen (vt)	ṭaffa	طفّى
Wasser (n)	meyāh (f)	مياه

Sand (m)	raml (m)	رمل
Trümmer (pl)	ḥeṭām (pl)	حطام
zusammenbrechen (vi)	enhār	إنهار
einfallen (vi)	enhār	إنهار
einstürzen (Decke)	enhār	إنهار
Bruchstück (n)	'eṭ'et ḥeṭām (f)	قطعة حطام
Asche (f)	ramād (m)	رماد
ersticken (vi)	eθχana'	إتخنق
ums Leben kommen	māt	مات

AKTIVITÄTEN DES MENSCHEN

Beruf. Geschäft. Teil 1

97. Bankgeschäft

Bank (f)	bank (m)	بنك
Filiale (f)	far' (m)	فرع
Berater (m)	mowazzaf bank (m)	موظّف بنك
Leiter (m)	modīr (m)	مدير
Konto (n)	ḥesāb bank (m)	حساب بنك
Kontonummer (f)	raqam el ḥesāb (m)	رقم الحساب
Kontokorrent (n)	ḥesāb gāry (m)	حساب جاري
Sparkonto (n)	ḥesāb tawfīr (m)	حساب توّفير
ein Konto eröffnen	fataḥ ḥesāb	فتح حساب
das Konto schließen	'afal ḥesāb	قفل حساب
einzahlen (vt)	awda' fel ḥesāb	أودع في الحساب
abheben (vt)	saḥab men el ḥesāb	سحب من الحساب
Einzahlung (f)	wadee'a (f)	وديعة
eine Einzahlung machen	awda'	أودع
Überweisung (f)	ḥewāla maṣrefiya (f)	حوالة مصرفيّة
überweisen (vt)	ḥawwel	حوّل
Summe (f)	mablaɣ (m)	مبلغ
Wieviel?	kām?	كام؟
Unterschrift (f)	tawqee' (m)	توقيع
unterschreiben (vt)	waqqa'	وقّع
Kreditkarte (f)	kredit kard (f)	كريدت كارد
Code (m)	kōd (m)	كود
Kreditkartennummer (f)	raqam el kredit kard (m)	رقم الكريدت كارد
Geldautomat (m)	makinet ṣarrāf 'āly (f)	ماكينة صرّاف آلي
Scheck (m)	ʃīk (m)	شيك
einen Scheck schreiben	katab ʃīk	كتب شيك
Scheckbuch (n)	daftar ʃikāt (m)	دفتر شيكات
Darlehen (m)	qarḍ (m)	قرض
ein Darlehen beantragen	'addem ṭalab 'ala qarḍ	قدّم طلب على قرض
ein Darlehen aufnehmen	ḥaṣal 'ala qarḍ	حصل على قرض
ein Darlehen geben	edda qarḍ	ادّى قرض
Sicherheit (f)	ḍamān (m)	ضمان

98. Telefon. Telefongespräche

Telefon (n)	telefon (m)	تليفون
Mobiltelefon (n)	mobile (m)	موبايل
Anrufbeantworter (m)	gehāz radd ʻalal mokalmāt (m)	جهاز ردّ على المكالمات
anrufen (vt)	ettaṣal	إتّصل
Anruf (m)	mokalma telefoniya (f)	مكالمة تليفونية
eine Nummer wählen	ettaṣal be raqam	إتّصل برقم
Hallo!	alo!	ألو!
fragen (vt)	saʼal	سأل
antworten (vi)	radd	ردّ
hören (vt)	semeʻ	سمع
gut (~ aussehen)	kewayes	كويّس
schlecht (Adv)	meʃ kowayīs	مش كويّس
Störungen (pl)	taʃwīʃ (m)	تشويش
Hörer (m)	sammāʻa (f)	سمّاعة
den Hörer abnehmen	rafaʻ el sammāʻa	رفع السمّاعة
auflegen (den Hörer ~)	ʼafal el sammāʻa	قفل السمّاعة
besetzt	maʃɣūl	مشغول
läuten (vi)	rann	رنّ
Telefonbuch (n)	dalīl el telefone (m)	دليل التليفون
Orts-	maḥalliyya	ة محلّيّ
Ortsgespräch (n)	mokalma maḥalliya (f)	مكالمة محلّيّة
Auslands-	dowly	دوّلي
Auslandsgespräch (n)	mokalma dowliya (f)	مكالمة دوليّة
Fern-	biʻīd	بعيد
Ferngespräch (n)	mokalma biʻīda (f)	مكالمة بعيدة المدى

99. Mobiltelefon

Mobiltelefon (n)	mobile (m)	موبايل
Display (n)	ʻarḍ (m)	عرض
Knopf (m)	zerr (m)	زرّ
SIM-Karte (f)	sim kard (m)	سيم كارد
Batterie (f)	baṭṭariya (f)	بطّاريّة
leer sein (Batterie)	χelṣet	خلصت
Ladegerät (n)	ʃāḥen (m)	شاحن
Menü (n)	qāʼema (f)	قائمة
Einstellungen (pl)	awḍāʻ (pl)	أوضاع
Melodie (f)	naɣama (f)	نغمة
auswählen (vt)	eχtār	إختار
Rechner (m)	ʼāla ḥasba (f)	آلة حاسبة
Anrufbeantworter (m)	barīd ṣawty (m)	بريد صوتي
Wecker (m)	monabbeh (m)	منبّه

Kontakte (pl)	gehāt el etteṣāl (pl)	جهات الإتّصال
SMS-Nachricht (f)	resāla 'aṣīra ɛsɛmɛs (f)	رسالة قصيرة sms
Teilnehmer (m)	moʃtarek (m)	مشترك

100. Bürobedarf

Kugelschreiber (m)	'alam gāf (m)	قلم جاف
Federhalter (m)	'alam rīʃa (m)	قلم ريشة
Bleistift (m)	'alam roṣāṣ (m)	قلم رصاص
Faserschreiber (m)	markar (m)	ماركر
Filzstift (m)	'alam fulumaster (m)	قلم فلوماستر
Notizblock (m)	mozakkera (f)	مذكّرة
Terminkalender (m)	gadwal el a'māl (m)	جدول الأعمال
Lineal (n)	masṭara (f)	مسطرة
Rechner (m)	'āla ḥasba (f)	آلة حاسبة
Radiergummi (m)	astīka (f)	استيكة
Reißzwecke (f)	dabbūs (m)	دبّوس
Heftklammer (f)	dabbūs wara' (m)	دبّوس ورق
Klebstoff (m)	ṣamɣ (m)	صمغ
Hefter (m)	dabbāsa (f)	دبّاسة
Locher (m)	χarrāma (m)	خرّامة
Bleistiftspitzer (m)	barrāya (f)	برّاية

Arbeit. Geschäft. Teil 2

101. Massenmedien

Zeitung (f)	garīda (f)	جريدة
Zeitschrift (f)	magalla (f)	مجلّة
Presse (f)	ṣaḥāfa (f)	صحافة
Rundfunk (m)	radio (m)	راديو
Rundfunkstation (f)	maḥaṭṭet radio (f)	محطة راديو
Fernsehen (n)	televizion (m)	تليفزيون
Moderator (m)	mo'addem (m)	مقدّم
Sprecher (m)	mozee' (m)	مذيع
Kommentator (m)	mo'alleq (m)	معلّق
Journalist (m)	ṣaḥafy (m)	صحفي
Korrespondent (m)	morāsel (m)	مراسل
Bildberichterstatter (m)	moṣawwer ṣaḥafy (m)	مصوّر صحفي
Reporter (m)	ṣaḥafy (m)	صحفي
Redakteur (m)	moḥarrer (m)	محرّر
Chefredakteur (m)	ra'īs taḥrīr (m)	رئيس تحرير
abonnieren (vt)	eʃtarak	إشترك
Abonnement (n)	eʃterāk (m)	إشتراك
Abonnent (m)	moʃtarek (m)	مشترك
lesen (vi, vt)	'ara	قرأ
Leser (m)	qāre' (m)	قارئ
Auflage (f)	tadāwol (m)	تداول
monatlich (Adj)	ʃahry	شهري
wöchentlich (Adj)	osbū'y	أسبوعي
Ausgabe (Zeitschrift)	'adad (m)	عدد
neueste (~ Ausgabe)	gedīd	جديد
Titel (m)	'enwān (m)	عنوان
Notiz (f)	maqāla saɣīra (f)	مقالة قصيرة
Rubrik (f)	'amūd (m)	عمود
Artikel (m)	maqāla (f)	مقالة
Seite (f)	ṣafḥa (f)	صفحة
Reportage (f)	rebortāʒ (m)	ريبورتاج
Ereignis (n)	ḥadass (m)	حدث
Sensation (f)	ḍagga (f)	ضجّة
Skandal (m)	feḍīḥa (f)	فضيحة
skandalös	fāḍeḥ	فاضح
groß (-er Skandal)	ʃahīr	شهير
Sendung (f)	barnāmeg (m)	برنامج
Interview (n)	leqā' ṣaḥafy (m)	لقاء صحفي

Live-Übertragung (f)	ezāʿa mobāʃera (f)	إذاعة مباشرة
Kanal (m)	qanah (f)	قناة

102. Landwirtschaft

Landwirtschaft (f)	zerāʿa (f)	زراعة
Bauer (m)	fallāḥ (m)	فلّاح
Bäuerin (f)	fallāḥa (f)	فلّاحة
Farmer (m)	mozāreʿ (m)	مزارع
Traktor (m)	garrār (m)	جرّار
Mähdrescher (m)	ḥaṣṣāda (f)	حصّادة
Pflug (m)	meḥrās (m)	محراث
pflügen (vt)	ḥaras	حرث
Acker (m)	ḥaql maḥrūθ (m)	حقل محروث
Furche (f)	talem (m)	تلم
säen (vt)	bezr	بذر
Sämaschine (f)	bazzara (f)	بذّارة
Saat (f)	zarʿ (m)	زرع
Sense (f)	meḥasʃ (m)	محشّ
mähen (vt)	ḥasʃ	حشّ
Schaufel (f)	karīk (m)	كريك
graben (vt)	ḥaras	حرث
Hacke (f)	magrafa (f)	مجرفة
jäten (vt)	est'ṣal nabatāt	إستأصل نباتات
Unkraut (n)	nabāt ṭafayly (m)	نبات طفيّلي
Gießkanne (f)	raʃāʃa (f)	رشّاشة
gießen (vt)	sa'a	سقى
Bewässerung (f)	sa'y (m)	سقي
Heugabel (f)	mazrāh (f)	مذراة
Rechen (m)	madamma (f)	مدمّة
Dünger (m)	semād (m)	سماد
düngen (vt)	sammed	سمّد
Mist (m)	semād (m)	سماد
Feld (n)	ḥaql (m)	حقل
Wiese (f)	marag (m)	مرج
Gemüsegarten (m)	bostān χoḍār (m)	بستان خضار
Obstgarten (m)	bostān (m)	بستان
weiden (vt)	raʿa	رعى
Hirt (m)	rāʿy (m)	راعي
Weide (f)	marʿa (m)	مرعى
Viehzucht (f)	tarbeya el mawāʃy (f)	تربية المواشي
Schafzucht (f)	tarbeya aɣnām (f)	تربية أغنام

Plantage (f)	mazra'a (f)	مزرعة
Beet (n)	ḥoḍe (m)	حوض
Treibhaus (n)	dafī'a (f)	دفيئة
Dürre (f)	gafāf (m)	جفاف
dürr, trocken	gāf	جاف
Getreide (n)	ḥobūb (pl)	حبوب
Getreidepflanzen (pl)	maḥaṣīl el ḥubūb (pl)	محاصيل الحبوب
ernten (vt)	ḥaṣad	حصد
Müller (m)	ṭaḥḥān (m)	طحّان
Mühle (f)	ṭaḥūna (f)	طاحونة
mahlen (vt)	ṭaḥn el ḥobūb	طحن الحبوب
Mehl (n)	de'ī' (m)	دقيق
Stroh (n)	'aʃ (m)	قشّ

103. Gebäude. Bauabwicklung

Baustelle (f)	arḍ benā' (f)	أرض بناء
bauen (vt)	bana	بنى
Bauarbeiter (m)	'āmel benā' (m)	عامل بناء
Projekt (n)	maʃrū' (m)	مشروع
Architekt (m)	mohandes me'māry (m)	مهندس معماري
Arbeiter (m)	'āmel (m)	عامل
Fundament (n)	asās (m)	أساس
Dach (n)	sa'f (m)	سقف
Pfahl (m)	kawmet el asās (f)	كومة الأساس
Wand (f)	ḥeyṭa (f)	حيطة
Bewehrungsstahl (m)	ḥadīd taslīḥ (m)	حديد تسليح
Gerüst (n)	sa''āla (f)	سقّالة
Beton (m)	χarasāna (f)	خرسانة
Granit (m)	granīt (m)	جرانيت
Stein (m)	ḥagar (m)	حجر
Ziegel (m)	ṭūb (m)	طوب
Sand (m)	raml (m)	رمل
Zement (m)	asmant (m)	إسمنت
Putz (m)	ṭalā' gaṣṣ (m)	طلاء جصّ
verputzen (vt)	ṭala bel gaṣṣ	طلى بالجصّ
Farbe (f)	dehān (m)	دهان
färben (vt)	dahhen	دهّن
Fass (n), Tonne (f)	barmīl (m)	برميل
Kran (m)	rāfe'a (f)	رافعة
aufheben (vt)	rafa'	رفع
herunterlassen (vt)	nazzel	نزّل
Planierraupe (f)	bulldozer (m)	بولدوزر
Bagger (m)	ḥaffāra (f)	حفّارة

Baggerschaufel (f)	magrafa (f)	مجرفة
graben (vt)	ḥafar	حفر
Schutzhelm (m)	χawza (f)	خوذة

Berufe und Tätigkeiten

104. Arbeitsuche. Kündigung

Arbeit (f), Stelle (f)	'amal (m)	عمل
Belegschaft (f)	kawādir (pl)	كوادر
Personal (n)	ṭāqem el 'āmelīn (m)	طاقم العاملين
Karriere (f)	mehna (f)	مهنة
Perspektive (f)	'āfāq (pl)	آفاق
Können (n)	maharāt (pl)	مهارات
Auswahl (f)	exteyār (m)	إختيار
Personalagentur (f)	wekālet tawẓīf (f)	وكالة توّظيف
Lebenslauf (m)	sīra zātiya (f)	سيرة ذاتيّة
Vorstellungsgespräch (n)	mo'ablet 'amal (f)	مقابلة عمل
Vakanz (f)	wazīfa χaleya (f)	وظيفة خالية
Gehalt (n)	morattab (m)	مرتّب
festes Gehalt (n)	rāteb sābet (m)	راتب ثابت
Arbeitslohn (m)	ogra (f)	أجرة
Stellung (f)	manṣeb (m)	منصب
Pflicht (f)	wāgeb (m)	واجب
Aufgabenspektrum (n)	magmū'a men el wāgebāt (f)	مجموعة من الواجبات
beschäftigt	maʃɣūl	مشغول
kündigen (vt)	rafad	رفد
Kündigung (f)	eqāla (m)	إقالة
Arbeitslosigkeit (f)	baṭāla (f)	بطالة
Arbeitslose (m)	'āṭel (m)	عاطل
Rente (f), Ruhestand (m)	ma'āʃ (m)	معاش
in Rente gehen	oḥīl 'ala el ma'āʃ	أحيل على المعاش

105. Geschäftsleute

Direktor (m)	modīr (m)	مدير
Leiter (m)	modīr (m)	مدير
Boss (m)	ra'īs (m)	رئيس
Vorgesetzte (m)	motafawweq (m)	متفوّق
Vorgesetzten (pl)	ro'asā' (pl)	رؤساء
Präsident (m)	ra'īs (m)	رئيس
Vorsitzende (m)	ra'īs (m)	رئيس
Stellvertreter (m)	nā'eb (m)	نائب
Helfer (m)	mosā'ed (m)	مساعد

Sekretär (m)	sekerteyr (m)	سكرتير
Privatsekretär (m)	sekerteyr χāṣ (m)	سكرتير خاص
Geschäftsmann (m)	ragol a'māl (m)	رجل أعمال
Unternehmer (m)	rā'ed a'māl (m)	رائد أعمال
Gründer (m)	mo'asses (m)	مؤسّس
gründen (vt)	asses	أسّس
Gründungsmitglied (n)	mo'asses (m)	مؤسّس
Partner (m)	ʃerīk (m)	شريك
Aktionär (m)	mālek el as-hom (m)	مالك الأسهم
Millionär (m)	millyonīr (m)	مليونير
Milliardär (m)	milliardīr (m)	مليادير
Besitzer (m)	ṣāḥeb (m)	صاحب
Landbesitzer (m)	ṣāḥeb el arḍ (m)	صاحب الأرض
Kunde (m)	'amīl (m)	عميل
Stammkunde (m)	'amīl dā'em (m)	عميل دائم
Käufer (m)	moʃtary (m)	مشتري
Besucher (m)	zā'er (m)	زائر
Fachmann (m)	moḥtaref (m)	محترف
Experte (m)	χabīr (m)	خبير
Spezialist (m)	motaχaṣṣeṣ (m)	متخصّص
Bankier (m)	ṣāḥeb maṣraf (m)	صاحب مصرف
Makler (m)	semsār (m)	سمسار
Kassierer (m)	'āmel kaʃier (m)	عامل كاشير
Buchhalter (m)	muḥāseb (m)	محاسب
Wächter (m)	ḥāres amn (m)	حارس أمن
Investor (m)	mostasmer (m)	مستثمر
Schuldner (m)	modīn (m)	مدين
Gläubiger (m)	dā'en (m)	دائن
Kreditnehmer (m)	moqtareḍ (m)	مقترض
Importeur (m)	mostawred (m)	مستورّد
Exporteur (m)	moṣadder (m)	مصدّر
Hersteller (m)	el ʃerka el moṣanne'a (f)	الشركة المصنّعة
Distributor (m)	mowazze' (m)	موزّع
Vermittler (m)	wasīṭ (m)	وسيط
Berater (m)	mostaʃār (m)	مستشار
Vertreter (m)	mandūb mabi'āt (m)	مندوب مبيعات
Agent (m)	wakīl (m)	وكيل
Versicherungsagent (m)	wakīl el ta'mīn (m)	وكيل التأمين

106. Dienstleistungsberufe

Koch (m)	ṭabbāχ (m)	طبّاخ
Chefkoch (m)	el ʃeyf (m)	الشيف

Bäcker (m)	xabbāz (m)	خبّاز
Barmixer (m)	bārman (m)	بارمان
Kellner (m)	garsone (m)	جرسون
Kellnerin (f)	garsona (f)	جرسونة
Rechtsanwalt (m)	muḥāmy (m)	محامي
Jurist (m)	muḥāmy xabīr qanūny (m)	محامي خبير قانوني
Notar (m)	mowassaq (m)	موثّق
Elektriker (m)	kahrabā'y (m)	كهربائي
Klempner (m)	samkary (m)	سمكري
Zimmermann (m)	naggār (m)	نجّار
Masseur (m)	modallek (m)	مدلّك
Masseurin (f)	modalleka (f)	مدلّكة
Arzt (m)	doktore (m)	دكتور
Taxifahrer (m)	sawwā' taksi (m)	سوّاق تاكسي
Fahrer (m)	sawwā' (m)	سوّاق
Ausfahrer (m)	rāgel el delivery (m)	راجل الديلفري
Zimmermädchen (n)	'āmela tandīf ɣoraf (f)	عاملة تنظيف غرف
Wächter (m)	ḥāres amn (m)	حارس أمن
Flugbegleiterin (f)	moḍīfet ṭayarān (f)	مضيفة طيران
Lehrer (m)	modarres madrasa (m)	مدرّس مدرسة
Bibliothekar (m)	amīn maktaba (m)	أمين مكتبة
Übersetzer (m)	motargem (m)	مترجم
Dolmetscher (m)	motargem fawwry (m)	مترجم فوّري
Fremdenführer (m)	morʃod (m)	مرشد
Friseur (m)	ḥallā' (m)	حلّاق
Briefträger (m)	sā'y el barīd (m)	ساعي البريد
Verkäufer (m)	bayā' (m)	بيّاع
Gärtner (m)	bostāny (m)	بستاني
Diener (m)	xādema (m)	خادمة
Magd (f)	xadema (f)	خادمة
Putzfrau (f)	'āmela tandīf (f)	عاملة تنظيف

107. Militärdienst und Ränge

einfacher Soldat (m)	gondy (m)	جنّدي
Feldwebel (m)	raqīb tāny (m)	رقيب تاني
Leutnant (m)	molāzem tāny (m)	ملازم تاني
Hauptmann (m)	naqīb (m)	نقيب
Major (m)	rā'ed (m)	رائد
Oberst (m)	'aqīd (m)	عقيد
General (m)	ʒenerāl (m)	جنرال
Marschall (m)	marʃāl (m)	مارشال
Admiral (m)	amerāl (m)	أميرال
Militärperson (f)	'askary (m)	عسكري
Soldat (m)	gondy (m)	جنّدي

Offizier (m)	ḍābeṭ (m)	ضابط
Kommandeur (m)	qā'ed (m)	قائد
Grenzsoldat (m)	ḥaras ḥodūd (m)	حرس حدود
Funker (m)	'āmel lāselky (m)	عامل لاسلكي
Aufklärer (m)	rā'ed mostakʃef (m)	رائد مستكشف
Pionier (m)	mohandes 'askary (m)	مهندس عسكري
Schütze (m)	rāmy (m)	رامي
Steuermann (m)	mallāḥ (m)	ملاّح

108. Beamte. Priester

König (m)	malek (m)	ملك
Königin (f)	maleka (f)	ملكة
Prinz (m)	amīr (m)	أمير
Prinzessin (f)	amīra (f)	أميرة
Zar (m)	qayṣar (m)	قيصر
Zarin (f)	qayṣara (f)	قيصرة
Präsident (m)	ra'īs (m)	رئيس
Minister (m)	wazīr (m)	وزير
Ministerpräsident (m)	ra'īs wozarā' (m)	رئيس وزراء
Senator (m)	'oḍw magles el ʃoyūχ (m)	عضو مجلس الشيوخ
Diplomat (m)	deblomāsy (m)	دبلوماسي
Konsul (m)	qonṣol (m)	قنصل
Botschafter (m)	safīr (m)	سفير
Ratgeber (m)	mostaʃār (m)	مستشار
Beamte (m)	mowazzaf (m)	موظّف
Präfekt (m)	ra'īs edāret el ḥayī (m)	رئيس إدارة الحي
Bürgermeister (m)	ra'īs el baladiya (m)	رئيس البلديّة
Richter (m)	qāḍy (m)	قاضي
Staatsanwalt (m)	el na'eb el 'ām (m)	النائب العام
Missionar (m)	mobasʃer (m)	مبشّر
Mönch (m)	rāheb (m)	راهب
Abt (m)	ra'īs el deyr (m)	رئيس الدير
Rabbiner (m)	ḥaχām (m)	حاخام
Wesir (m)	wazīr (m)	وزير
Schah (n)	ʃāh (m)	شاه
Scheich (m)	ʃɛyχ (m)	شيخ

109. Landwirtschaftliche Berufe

Bienenzüchter (m)	naḥḥāl (m)	نحّال
Hirt (m)	rā'y (m)	راعي
Agronom (m)	mohandes zerā'y (m)	مهندس زراعي

Viehzüchter (m)	morabby el mawāʃy (m)	مربّي المواشي
Tierarzt (m)	doktore beṭary (m)	دكتور بيطري
Farmer (m)	mozāre' (m)	مزارع
Winzer (m)	ṣāne' el χamr (m)	صانع الخمر
Zoologe (m)	χabīr fe 'elm el ḥayawān (m)	خبير في علم الحيوان
Cowboy (m)	rā'y el ba'ar (m)	راعي البقر

110. Künstler

Schauspieler (m)	momassel (m)	ممثّل
Schauspielerin (f)	momassela (f)	ممثّلة
Sänger (m)	moṭreb (m)	مطرب
Sängerin (f)	moṭreba (f)	مطربة
Tänzer (m)	rāqeṣ (m)	راقص
Tänzerin (f)	ra'āṣa (f)	راقصة
Künstler (m)	fannān (m)	فنّان
Künstlerin (f)	fannāna (f)	فنّانة
Musiker (m)	'āzef (m)	عازف
Pianist (m)	'āzef biano (m)	عازف بيانو
Gitarrist (m)	'āzef guitar (m)	عازف جيتار
Dirigent (m)	qā'ed orkestra (m)	قائد أوركسترا
Komponist (m)	molaḥḥen (m)	ملحّن
Manager (m)	modīr fer'a (m)	مدير فرقة
Regisseur (m)	moχreg aflām (m)	مخرج أفلام
Produzent (m)	monteg (m)	منتج
Drehbuchautor (m)	kāteb senario (m)	كاتب سيناريو
Kritiker (m)	nāqed (m)	ناقد
Schriftsteller (m)	kāteb (m)	كاتب
Dichter (m)	ʃā'er (m)	شاعر
Bildhauer (m)	naḥḥāt (m)	نحّات
Maler (m)	rassām (m)	رسّام
Jongleur (m)	bahlawān (m)	بهلوان
Clown (m)	aragoze (m)	أراجوز
Akrobat (m)	bahlawān (m)	بهلوان
Zauberkünstler (m)	sāḥer (m)	ساحر

111. Verschiedene Berufe

Arzt (m)	doktore (m)	دكتور
Krankenschwester (f)	momarreḍa (f)	ممرّضة
Psychiater (m)	doktore nafsāny (m)	دكتور نفساني
Zahnarzt (m)	doktore asnān (m)	دكتور أسنان
Chirurg (m)	garrāḥ (m)	جرّاح

Astronaut (m)	rā'ed faḍā' (m)	رائد فضاء
Astronom (m)	'ālem falak (m)	عالم فلك
Pilot (m)	ṭayār (m)	طيّار
Fahrer (Taxi-)	sawwā' (m)	سوّاق
Lokomotivführer (m)	sawwā' (m)	سوّاق
Mechaniker (m)	mikanīky (m)	ميكانيكي
Bergarbeiter (m)	'āmel mangam (m)	عامل منجم
Arbeiter (m)	'āmel (m)	عامل
Schlosser (m)	'affāl (m)	قفّال
Tischler (m)	naggār (m)	نجّار
Dreher (m)	χarrāṭ (m)	خرّاط
Bauarbeiter (m)	'āmel benā' (m)	عامل بناء
Schweißer (m)	laḥḥām (m)	لحّام
Professor (m)	brofessor (m)	بروفيسور
Architekt (m)	mohandes me'māry (m)	مهندس معماري
Historiker (m)	mo'arreχ (m)	مؤرّخ
Wissenschaftler (m)	'ālem (m)	عالم
Physiker (m)	fizyā'y (m)	فيزيائي
Chemiker (m)	kemyā'y (m)	كيميائي
Archäologe (m)	'ālem'āsār (m)	عالم آثار
Geologe (m)	ʒeoloʒy (m)	جيولوجي
Forscher (m)	bāḥes (m)	باحث
Kinderfrau (f)	dāda (f)	دادة
Lehrer (m)	mo'allem (m)	معلّم
Redakteur (m)	moḥarrer (m)	محرّر
Chefredakteur (m)	ra'īs taḥrīr (m)	رئيس تحرير
Korrespondent (m)	morāsel (m)	مراسل
Schreibkraft (f)	kāteba 'ala el 'āla el kāteba (f)	كاتبة على الآلة الكاتبة
Designer (m)	moṣammem (m)	مصمّم
Computerspezialist (m)	motaχaṣṣeṣ bel kombuter (m)	متخصّص بالكمبيوتر
Programmierer (m)	mobarmeg (m)	مبرمج
Ingenieur (m)	mohandes (m)	مهندس
Seemann (m)	baḥḥār (m)	بحّار
Matrose (m)	baḥḥār (m)	بحّار
Retter (m)	monqez (m)	منقذ
Feuerwehrmann (m)	rāgel el maṭāfy (m)	راجل المطافئ
Polizist (m)	ʃorṭy (m)	شرطي
Nachtwächter (m)	ḥāres (m)	حارس
Detektiv (m)	moḥaqqeq (m)	محقّق
Zollbeamter (m)	mowazzaf el gamārek (m)	موظّف الجمارك
Leibwächter (m)	ḥāres ʃaχṣy (m)	حارس شخصي
Gefängniswärter (m)	ḥāres segn (m)	حارس سجن
Inspektor (m)	mofatteʃ (m)	مفتّش
Sportler (m)	reyāḍy (m)	رياضي
Trainer (m)	modarreb (m)	مدرّب

Fleischer (m)	gazzār (m)	جزّار
Schuster (m)	eskāfy (m)	إسكافي
Geschäftsmann (m)	tāger (m)	تاجر
Ladearbeiter (m)	ʃayāl (m)	شيّال
Modedesigner (m)	moṣammem azyā' (m)	مصمّم أزياء
Modell (n)	modeyl (f)	موديل

112. Beschäftigung. Sozialstatus

Schüler (m)	talmīz (m)	تلميذ
Student (m)	ṭāleb (m)	طالب
Philosoph (m)	faylasūf (m)	فيلسوف
Ökonom (m)	eqtiṣādy (m)	إقتصادي
Erfinder (m)	moχtare' (m)	مخترع
Arbeitslose (m)	'āṭel (m)	عاطل
Rentner (m)	motaqā'ed (m)	متقاعد
Spion (m)	gasūs (m)	جاسوس
Gefangene (m)	sagīn (m)	سجين
Streikender (m)	moḍrab (m)	مضرب
Bürokrat (m)	buroqrāṭy (m)	بيروقراطي
Reisende (m)	raḥḥāla (m)	رحّالة
Homosexuelle (m)	ʃāz (m)	شاذ
Hacker (m)	haker (m)	هاكر
Hippie (m)	hippi (m)	هيبي
Bandit (m)	qāṭe' ṭarī' (m)	قاطع طريق
Killer (m)	qātel ma'gūr (m)	قاتل مأجور
Drogenabhängiger (m)	modmen moχaddarāt (m)	مدمن مخدّرات
Drogenhändler (m)	tāger moχaddarāt (m)	تاجر مخدّرات
Prostituierte (f)	mommos (f)	مومس
Zuhälter (m)	qawwād (m)	قوّاد
Zauberer (m)	sāḥer (m)	ساحر
Zauberin (f)	sāḥera (f)	ساحرة
Seeräuber (m)	'orṣān (m)	قرصان
Sklave (m)	'abd (m)	عبد
Samurai (m)	samuray (m)	ساموراي
Wilde (m)	motawaḥḥeʃ (m)	متوحّش

Sport

113. Sportarten. Persönlichkeiten des Sports

Sportler (m)	reyāḍy (m)	رياضي
Sportart (f)	nū' men el reyāḍa (m)	نوع من الرياضة
Basketball (m)	koret el salla (f)	كرة السلّة
Basketballspieler (m)	lā'eb korat el salla (m)	لاعب كرة السلّة
Baseball (m, n)	baseball (m)	بيسبول
Baseballspieler (m)	lā'eb basebāl (m)	لاعب بيسبول
Fußball (m)	koret el qadam (f)	كرة القدم
Fußballspieler (m)	lā'eb korat qadam (m)	لاعب كرة القدم
Torwart (m)	ḥāres el marma (m)	حارس المرمى
Eishockey (n)	hoky (m)	هوكي
Eishockeyspieler (m)	lā'eb hoky (m)	لاعب هوكي
Volleyball (m)	voliball (m)	فولي بول
Volleyballspieler (m)	lā'eb volly bal (m)	لاعب فولي بول
Boxen (n)	molakma (f)	ملاكمة
Boxer (m)	molākem (m)	ملاكم
Ringen (n)	moṣar'a (f)	مصارعة
Ringkämpfer (m)	moṣāre' (m)	مصارع
Karate (n)	karate (m)	كاراتيه
Karatekämpfer (m)	lā'eb karateyh (m)	لاعب كاراتيه
Judo (n)	ʒudo (m)	جودو
Judoka (m)	lā'eb ʒudo (m)	لاعب جودو
Tennis (n)	tennis (m)	تنسّ
Tennisspieler (m)	lā'eb tennis (m)	لاعب تنس
Schwimmen (n)	sebāḥa (f)	سباحة
Schwimmer (m)	sabbāḥ (m)	سبّاح
Fechten (n)	mobarza (f)	مبارزة
Fechter (m)	mobārez (m)	مبارز
Schach (n)	ʃaṭarang (m)	شطرنج
Schachspieler (m)	lā'eb ʃaṭarang (m)	لاعب شطرنج
Bergsteigen (n)	tasalloq el gebāl (m)	تسلّق الجبال
Bergsteiger (m)	motasalleq el gebāl (m)	متسلّق الجبال
Lauf (m)	garyī (m)	جريِ

Läufer (m)	‘addā’ (m)	عدّاء
Leichtathletik (f)	al‘āb el qowa (pl)	ألعاب القوى
Athlet (m)	lā‘eb reyāḍy (m)	لاعب رياضي
Pferdesport (m)	reyāḍa el forūsiya (f)	رياضة الفروسيّة
Reiter (m)	fāres (m)	فارس
Eiskunstlauf (m)	tazallog fanny ‘alal galīd (m)	تزلّج فنّي على الجليد
Eiskunstläufer (m)	motazalleg rāqeṣ (m)	متزلّج راقص
Eiskunstläuferin (f)	motazallega rāqeṣa (f)	متزلّجة راقصة
Gewichtheben (n)	raf‘ el asqāl (m)	رفع الأثقال
Gewichtheber (m)	rāfe‘ el asqāl (m)	رافع الأثقال
Autorennen (n)	sebā’ el sayarāt (m)	سباق السيارات
Rennfahrer (m)	sawwā’ sebā’ (m)	سائق سباق
Radfahren (n)	rokūb el darragāt (m)	ركوب الدرّاجات
Radfahrer (m)	lā‘eb el darrāga (m)	لاعب الدرّاجة
Weitsprung (m)	el qafz el ‘āly (m)	القفز العالي
Stabhochsprung (m)	el qafz bel ‘aṣa (m)	القفز بالعصا
Springer (m)	qāfez (m)	قافز

114. Sportarten. Verschiedenes

American Football (m)	koret el qadam (f)	كرة القدم
Federballspiel (n)	el rīja (m)	الريشة
Biathlon (n)	el biatlon (m)	البياتلون
Billard (n)	bilyardo (m)	بلياردو
Bob (m)	zalāga gama‘iya (f)	زلاجة جماعية
Bodybuilding (n)	body building (m)	بادي بيلدنج
Wasserballspiel (n)	koret el maya (f)	كرة الميّة
Handball (m)	koret el yad (f)	كرة اليد
Golf (n)	golf (m)	جولف
Rudern (n)	tagdīf (m)	تجديف
Tauchen (n)	ɣoṣe (m)	غوص
Skilanglauf (m)	reyāḍa el ski (f)	رياضة الإسكي
Tischtennis (n)	koret el ṭawla (f)	كرة الطاولة
Segelsport (m)	reyāḍa ebḥār el marākeb (f)	رياضة إبحارالمراكب
Rallye (f, n)	sebā’ el sayarāt (m)	سباق السيارات
Rugby (n)	rugby (m)	رجبي
Snowboard (n)	el tazallog ‘lal galīd (m)	التزلّج على الجليد
Bogenschießen (n)	remāya (f)	رماية

115. Fitnessstudio

Hantel (f)	bār hadīd (m)	بار حديد
Hanteln (pl)	dumbbells (m)	دمبلز

Trainingsgerät (n)	gehāz tadrīb (m)	جهاز تدريب
Fahrradtrainer (m)	ʿagalet tadrīb (f)	عجلة تدريب
Laufband (n)	trīdmil (f)	تريد ميل
Reck (n)	ʿoʾla (f)	عقلة
Barren (m)	el motawaziyīn (pl)	المتوازيين
Sprungpferd (n)	manaṣṣet el qafz (f)	منصّة القفز
Matte (f)	ḥaṣīra (f)	حصيرة
Sprungseil (n)	ḥabl el naṭṭ (m)	حبل النطّ
Aerobic (n)	aerobiks (m)	ايروبيكس
Yoga (m)	yoga (f)	يوجا

116. Sport. Verschiedenes

Olympische Spiele (pl)	alʿāb olombiya (pl)	ألعاب أولمبيّة
Sieger (m)	fāʾez (m)	فائز
siegen (vi)	fāz	فاز
gewinnen (Sieger sein)	fāz	فاز
Tabellenführer (m)	zaʿīm (m)	زعيم
führen (vi)	taʾaddam	تقدّم
der erste Platz	el martaba el ūla (f)	المرتبة الأولى
der zweite Platz	el martaba el tanya (f)	المرتبة الثانية
der dritte Platz	el martaba el talta (f)	المرتبة الثالثة
Medaille (f)	medalya (f)	ميدالية
Trophäe (f)	kaʾs (f)	كأس
Pokal (m)	kaʾs (f)	كأس
Siegerpreis m (m)	gayza (f)	جائزة
Hauptpreis (m)	akbar gayza (f)	أكبر جائزة
Rekord (m)	raqam qeyāsy (m)	رقم قياسي
einen Rekord aufstellen	fāz be raqam qeyāsy	فاز برقم قياسي
Finale (n)	mobarāh nehaʾiya (f)	مباراة نهائيّة
Final-	nehāʾy	نهائي
Meister (m)	baṭal (m)	بطل
Meisterschaft (f)	boṭūla (f)	بطولة
Stadion (n)	malʿab (m)	ملعب
Tribüne (f)	modarrag (m)	مدرّج
Fan (m)	moʃaggeʿ (m)	مشجّع
Gegner (m)	ʿadeww (m)	عدوّ
Start (m)	χaṭṭ el bedāya (m)	خطّ البداية
Ziel (n), Finish (n)	χaṭṭ el nehāya (m)	خطّ النهاية
Niederlage (f)	hazīma (f)	هزيمة
verlieren (vt)	χeser	خسر
Schiedsrichter (m)	ḥakam (m)	حكم
Jury (f)	hayʾet el ḥokm (f)	هيئة الحكم

Ergebnis (n)	natīga (f)	نتيجة
Unentschieden (n)	ta'ādol (m)	تعادل
unentschieden spielen	ta'ādal	تعادل
Punkt (m)	no'ṭa (f)	نقطة
Ergebnis (n)	natīga neha'iya (f)	نتيجة نهائية
Spielabschnitt (m)	ʃoṭe (m)	شوط
Halbzeit (f), Pause (f)	beyn el ʃoṭeyn	بين الشوطين
Doping (n)	monasʃeṭāt (pl)	منشّطات
bestrafen (vt)	'āqab	عاقب
disqualifizieren (vt)	ḥaram	حرم
Sportgerät (n)	adah (f)	أداة
Speer (m)	remḥ (m)	رمح
Kugel (im Kugelstoßen)	kora ma'daniya (f)	كرة معدنية
Kugel (f), Ball (m)	kora (f)	كرة
Ziel (n)	hadaf (m)	هدف
Zielscheibe (f)	hadaf (m)	هدف
schießen (vi)	ḍarab bel nār	ضرب بالنار
genau (Adj)	maḍbūṭ	مضبوط
Trainer (m)	modarreb (m)	مدرّب
trainieren (vt)	darrab	درّب
trainieren (vi)	etdarrab	إتدرّب
Training (n)	tadrīb (m)	تدريب
Turnhalle (f)	gīm (m)	جيم
Übung (f)	tamrīn (m)	تمرين
Aufwärmen (n)	tasχīn (m)	تسخين

Ausbildung

117. Schule

Schule (f)	madrasa (f)	مدرسة
Schulleiter (m)	modīr el madrasa (m)	مدير المدرسة
Schüler (m)	talmīz (m)	تلميذ
Schülerin (f)	telmīza (f)	تلميذة
Schuljunge (m)	talmīz (m)	تلميذ
Schulmädchen (f)	telmīza (f)	تلميذة
lehren (vt)	ʿallem	علّم
lernen (Englisch ~)	taʿallam	تعلّم
auswendig lernen	ḥafaẓ	حفظ
lernen (vi)	taʿallam	تعلّم
in der Schule sein	daras	درس
die Schule besuchen	rāḥ el madrasa	راح المدرسة
Alphabet (n)	abgadiya (f)	أبجدية
Fach (n)	madda (f)	مادّة
Klassenraum (m)	faṣl (m)	فصل
Stunde (f)	dars (m)	درس
Pause (f)	estrāḥa (f)	إستراحة
Schulglocke (f)	garas el madrasa (m)	جرس المدرسة
Schulbank (f)	disk el madrasa (m)	ديسك المدرسة
Tafel (f)	sabbūra (f)	سبّورة
Note (f)	daraga (f)	درجة
gute Note (f)	daraga kewayesa (f)	درجة كويسة
schlechte Note (f)	daraga meʃ kewayesa (f)	درجة مش كويسة
eine Note geben	edda daraga	إدّى درجة
Fehler (m)	χaṭaʾ (m)	خطأ
Fehler machen	aχṭaʾ	أخطأ
korrigieren (vt)	ṣaḥḥaḥ	صحّح
Spickzettel (m)	berʃām (m)	برشام
Hausaufgabe (f)	wāgeb (m)	واجب
Übung (f)	tamrīn (m)	تمرين
anwesend sein	ḥaḍar	حضر
fehlen (in der Schule ~)	ɣāb	غاب
versäumen (Schule ~)	taɣeyyab ʿan el madrasa	تغيّب عن المدرسة
bestrafen (vt)	ʿāqab	عاقب
Strafe (f)	ʿeqāb (m)	عقاب
Benehmen (n)	solūk (m)	سلوك

Zeugnis (n)	el taqrīr el madrasy (m)	التقرير المدرسي
Bleistift (m)	ʾalam roṣāṣ (m)	قلم رصاص
Radiergummi (m)	astīka (f)	استيكة
Kreide (f)	ṭabaʃīr (m)	طباشير
Federkasten (m)	maʾlama (f)	مقلمة
Schulranzen (m)	ʃanṭet el madrasa (f)	شنطة المدرسة
Kugelschreiber, Stift (m)	ʾalam (m)	قلم
Heft (n)	daftar (m)	دفتر
Lehrbuch (n)	ketāb taʿlīm (m)	كتاب تعليم
Zirkel (m)	bargal (m)	برجل
zeichnen (vt)	rasam rasm teqany	رسم رسم تقني
Zeichnung (f)	rasm teqany (m)	رسم تقني
Gedicht (n)	ʾaṣīda (f)	قصيدة
auswendig (Adv)	ʿan ẓahr qalb	عن ظهر قلب
auswendig lernen	ḥafaẓ	حفظ
Ferien (pl)	agāza (f)	أجازة
in den Ferien sein	ʿando agāza	عنده أجازة
Ferien verbringen	ʾaḍa el agāza	قضى الأجازة
Test (m), Prüfung (f)	emteḥān (m)	إمتحان
Aufsatz (m)	enʃāʾ (m)	إنشاء
Diktat (n)	emlāʾ (m)	إملاء
Prüfung (f)	emteḥān (m)	إمتحان
Prüfungen ablegen	ʿamal emteḥān	عمل إمتحان
Experiment (n)	tagreba (f)	تجربة

118. Hochschule. Universität

Akademie (f)	akademiya (f)	أكاديميّة
Universität (f)	gamʿa (f)	جامعة
Fakultät (f)	kolliya (f)	كلّيّة
Student (m)	ṭāleb (m)	طالب
Studentin (f)	ṭāleba (f)	طالبة
Lehrer (m)	muḥāḍer (m)	محاضر
Hörsaal (m)	modarrag (m)	مدرّج
Hochschulabsolvent (m)	motaχarreg (m)	متخرّج
Diplom (n)	dibloma (f)	دبلومة
Dissertation (f)	resāla ʿelmiya (f)	رسالة علميّة
Forschung (f)	derāsa (f)	دراسة
Labor (n)	moχtabar (m)	مختبر
Vorlesung (f)	moḥaḍra (f)	محاضرة
Kommilitone (m)	zamīl fel ṣaff (m)	زميل في الصفّ
Stipendium (n)	menḥa derāsiya (f)	منحة دراسيّة
akademischer Grad (m)	daraga ʿelmiya (f)	درجة علميّة

119. Naturwissenschaften. Fächer

Mathematik (f)	reyāḍīāt (pl)	رياضيّات
Algebra (f)	el gabr (m)	الجبر
Geometrie (f)	handasa (f)	هندسة
Astronomie (f)	'elm el falak (m)	علم الفلك
Biologie (f)	al aḥya' (m)	الأحياء
Erdkunde (f)	goɣrafia (f)	جغرافيا
Geologie (f)	ʒeoloʒia (f)	جيولوجيا
Geschichte (f)	tarīχ (m)	تاريخ
Medizin (f)	ṭebb (m)	طبّ
Pädagogik (f)	tarbeya (f)	تربية
Recht (n)	qanūn (m)	قانون
Physik (f)	fezya' (f)	فيزياء
Chemie (f)	kemya' (f)	كيمياء
Philosophie (f)	falsafa (f)	فلسفة
Psychologie (f)	'elm el nafs (m)	علم النفس

120. Schrift Rechtschreibung

Grammatik (f)	el naḥw wel ṣarf (m)	النحو والصرف
Lexik (f)	mofradāt el loɣa (pl)	مفردات اللغة
Phonetik (f)	ṣawtīāt (pl)	صوتيات
Substantiv (n)	esm (m)	اسم
Adjektiv (n)	ṣefa (f)	صفة
Verb (n)	fe'l (m)	فعل
Adverb (n)	ẓarf (m)	ظرف
Pronomen (n)	ḍamīr (m)	ضمير
Interjektion (f)	oslūb el ta'aggob (m)	أسلوب التعجّب
Präposition (f)	ḥarf el garr (m)	حرف الجرّ
Wurzel (f)	gezr el kelma (m)	جذر الكلمة
Endung (f)	nehāya (f)	نهاية
Vorsilbe (f)	sabaeqa (f)	سابقة
Silbe (f)	maqṭa' lafzy (m)	مقطع لفظي
Suffix (n), Nachsilbe (f)	lāḥeqa (f)	لاحقة
Betonung (f)	nabra (f)	نبرة
Apostroph (m)	'alāmet ḥazf (f)	علامة حذف
Punkt (m)	no'ṭa (f)	نقطة
Komma (n)	faṣla (f)	فاصلة
Semikolon (n)	no'ṭa w faṣla (f)	نقطة وفاصلة
Doppelpunkt (m)	no'ṭeteyn (pl)	نقطتين
Auslassungspunkte (pl)	talat no'aṭ (pl)	ثلاث نقط
Fragezeichen (n)	'alāmet estefhām (f)	علامة إستفهام
Ausrufezeichen (n)	'alāmet ta'aggob (f)	علامة تعجّب

Anführungszeichen (pl)	ʿalamāt el eqtebās (pl)	علامات الإقتباس
in Anführungszeichen	beyn ʿalamaty el eqtebās	بين علامتي الاقتباس
runde Klammern (pl)	qoseyn (du)	قوسين
in Klammern	beyn el qoseyn	بين القوسين
Bindestrich (m)	ʿalāmet waṣl (f)	علامة وصل
Gedankenstrich (m)	ʃorṭa (f)	شرطة
Leerzeichen (n)	farāɣ (m)	فراغ
Buchstabe (m)	ḥarf (m)	حرف
Großbuchstabe (m)	ḥarf kebīr (m)	حرف كبير
Vokal (m)	ḥarf ṣauty (m)	حرف صوتي
Konsonant (m)	ḥarf sāken (m)	حرف ساكن
Satz (m)	gomla (f)	جملة
Subjekt (n)	fāʿel (m)	فاعل
Prädikat (n)	mosnad (m)	مسند
Zeile (f)	saṭr (m)	سطر
in einer neuen Zeile	men bedāyet el saṭr	من بداية السطر
Absatz (m)	faqra (f)	فقرة
Wort (n)	kelma (f)	كلمة
Wortverbindung (f)	magmūʿa men el kelamāt (pl)	مجموعة من الكلمات
Redensart (f)	moṣṭalaḥ (m)	مصطلح
Synonym (n)	morādef (m)	مرادف
Antonym (n)	motaḍād loɣawy (m)	متضاد لغوي
Regel (f)	qa'eda (f)	قاعدة
Ausnahme (f)	estesnā' (m)	إستثناء
richtig (Adj)	ṣaḥīḥ	صحيح
Konjugation (f)	ṣarf (m)	صرف
Deklination (f)	taṣrīf el asmā' (m)	تصريف الأسماء
Kasus (m)	ḥāla esmiya (f)	حالة أسمية
Frage (f)	so'āl (m)	سؤال
unterstreichen (vt)	ḥaṭṭ χaṭṭ taḥt	حطّ خطّ تحت
punktierte Linie (f)	χaṭṭ mena''aṭ (m)	خطّ منقّط

121. Fremdsprachen

Sprache (f)	loɣa (f)	لغة
Fremd-	agnaby	أجنبيّ
Fremdsprache (f)	loɣa agnabiya (f)	لغة أجنبية
studieren (z.B. Jura ~)	daras	درس
lernen (Englisch ~)	taʿallam	تعلّم
lesen (vi, vt)	'ara	قرأ
sprechen (vi, vt)	kallem	كلّم
verstehen (vt)	fehem	فهم
schreiben (vi, vt)	katab	كتب
schnell (Adv)	bosorʿa	بسرعة
langsam (Adv)	bo boṭ'	ببطء

fließend (Adv)	beṭalāqa	بطلاقة
Regeln (pl)	qawā'ed (pl)	قواعد
Grammatik (f)	el naḥw wel ṣarf (m)	النحو والصرف
Vokabular (n)	mofradāt el loɣa (pl)	مفردات اللغة
Phonetik (f)	ṣawtīāt (pl)	صوتيات
Lehrbuch (n)	ketāb ta'līm (m)	كتاب تعليم
Wörterbuch (n)	qamūs (m)	قاموس
Selbstlernbuch (n)	ketāb ta'līm zāty (m)	كتاب تعليم ذاتي
Sprachführer (m)	ketāb lel 'ebarāt el ʃā'e'a (m)	كتاب للعبارت الشائعة
Kassette (f)	kasett (m)	كاسيت
Videokassette (f)	ʃerī'ṭ video (m)	شريط فيديو
CD (f)	sidī (m)	سي دي
DVD (f)	dividī (m)	دي في دي
Alphabet (n)	abgadiya (f)	أبجدية
buchstabieren (vt)	tahagga	تهجّى
Aussprache (f)	noṭ' (m)	نطق
Akzent (m)	lahga (f)	لهجة
mit Akzent	be lahga	بـ لهجة
ohne Akzent	men ɣeyr lahga	من غير لهجة
Wort (n)	kelma (f)	كلمة
Bedeutung (f)	ma'na (m)	معنى
Kurse (pl)	dawra (f)	دورة
sich einschreiben	saggel esmo	سجّل إسمه
Lehrer (m)	modarres (m)	مدرّس
Übertragung (f)	targama (f)	ترجمة
Übersetzung (f)	targama (f)	ترجمة
Übersetzer (m)	motargem (m)	مترجم
Dolmetscher (m)	motargem fawwry (m)	مترجم فوّري
Polyglott (m, f)	'alīm be'eddet loɣāt (m)	عليم بعدّة لغات
Gedächtnis (n)	zākera (f)	ذاكرة

122. Märchenfiguren

Weihnachtsmann (m)	baba neweyl (m)	بابا نويل
Aschenputtel (n)	sindrīla	سيندريلا
Nixe (f)	'arūset el baḥr (f)	عروسة البحر
Neptun (m)	nibtūn (m)	نبتون
Zauberer (m)	sāḥer (m)	ساحر
Zauberin (f)	genniya (f)	جنّيّة
magisch, Zauber-	seḥry	سحري
Zauberstab (m)	el 'aṣāya el seḥriya (f)	العصاية السحرية
Märchen (n)	ḥekāya χayaliya (f)	حكاية خيالية
Wunder (n)	mo'geza (f)	معجزة
Zwerg (m)	qazam (m)	قزم

sich verwandeln in ...	taḥawwal ela ...	تحوّل إلى...
Geist (m)	ʃabaḥ (m)	شبح
Gespenst (n)	ʃabaḥ (m)	شبح
Ungeheuer (n)	waḥʃ (m)	وحش
Drache (m)	tennīn (m)	تنّين
Riese (m)	ʻemlāq (m)	عملاق

123. Sternzeichen

Widder (m)	borg el ḥaml (m)	برج الحمل
Stier (m)	borg el sore (m)	برج الثور
Zwillinge (pl)	borg el gawzā' (m)	برج الجوزاء
Krebs (m)	borg el saraṭān (m)	برج السرطان
Löwe (m)	borg el asad (m)	برج الأسد
Jungfrau (f)	borg el ʻazrā' (m)	برج العذراء
Waage (f)	borg el mezān (m)	برج الميزان
Skorpion (m)	borg el ʻa'rab (m)	برج العقرب
Schütze (m)	borg el qose (m)	برج القوس
Steinbock (m)	borg el gady (m)	برج الجدي
Wassermann (m)	borg el dalw (m)	برج الدلو
Fische (pl)	borg el ḥūt (m)	برج الحوت
Charakter (m)	ʃaχṣiya (f)	شخصية
Charakterzüge (pl)	el ṣefāt el ʃaχṣiya (pl)	الصفات الشخصية
Benehmen (n)	solūk (m)	سلوك
wahrsagen (vt)	'ara el ṭāleʻ	قرأ الطالع
Wahrsagerin (f)	ʻarrāfa (f)	عرّافة
Horoskop (n)	tawaqqoʻāt el abrāg (pl)	توقّعات الأبراج

Kunst

124. Theater

Theater (n)	masraḥ (m)	مسرح
Oper (f)	obra (f)	أوبرا
Operette (f)	obrette (f)	أوبريت
Ballett (n)	baleyh (m)	باليه
Theaterplakat (n)	molṣaq (m)	ملصق
Truppe (f)	fer'a (f)	فرقة
Tournee (f)	gawlet fananīn (f)	جولة فنّانين
auf Tournee sein	tagawwal	تجوّل
proben (vt)	'amal brova	عمل بروفة
Probe (f)	brova (f)	بروفة
Spielplan (m)	barnāmeg el masraḥ (m)	برنامج المسرح
Aufführung (f)	adā' (m)	أداء
Vorstellung (f)	'arḍ masraḥy (m)	عرض مسرحي
Theaterstück (n)	masraḥiya (f)	مسرحيّة
Karte (f)	tazkara (f)	تذكرة
Theaterkasse (f)	ʃebbāk el tazāker (m)	شبّاك التذاكر
Halle (f)	ṣāla (f)	صالة
Garderobe (f)	ɣorfet īdā' el ma'āṭef (f)	غرفة إيداع المعاطف
Garderobennummer (f)	beṭā'et edā' el ma'aṭef (f)	بطاقة إيداع المعاطف
Opernglas (n)	naḍḍāra mo'aẓẓema lel obera (f)	نظارة معظمة للأوبرا
Platzanweiser (m)	ḥāgeb el sinema (m)	حاجب السينما
Parkett (n)	karāsy el orkestra (pl)	كراسي الأوركسترا
Balkon (m)	balakona (f)	بلكونة
der erste Rang	ʃorfa (f)	شرفة
Loge (f)	log (m)	لوج
Reihe (f)	ṣaff (m)	صفّ
Platz (m)	meq'ad (m)	مقعد
Publikum (n)	gomhūr (m)	جمهور
Zuschauer (m)	moʃāhed (m)	مشاهد
klatschen (vi)	ṣaffa'	صفّق
Applaus (m)	taṣfī' (m)	تصفيق
Ovation (f)	taṣfī' ḥār (m)	تصفيق حار
Bühne (f)	xaʃabet el masraḥ (f)	خشبة المسرح
Vorhang (m)	setāra (f)	ستارة
Dekoration (f)	dekor (m)	ديكور
Kulissen (pl)	kawalīs (pl)	كواليس
Szene (f)	maʃ-had (m)	مشهد
Akt (m)	faṣl (m)	فصل
Pause (f)	estrāḥa (f)	استراحة

125. Kino

Schauspieler (m)	momassel (m)	ممثّل
Schauspielerin (f)	momassela (f)	ممثّلة
Kino (n)	el aflām (m)	الأفلام
Film (m)	film (m)	فيلم
Folge (f)	goz' (m)	جزء
Krimi (m)	film bolīsy (m)	فيلم بوليسي
Actionfilm (m)	film akʃen (m)	فيلم أكشن
Abenteuerfilm (m)	film moɣamarāt (m)	فيلم مغامرات
Science-Fiction-Film (m)	film χayāl ʿelmy (m)	فيلم خيال علمي
Horrorfilm (m)	film roʿb (m)	فيلم رعب
Komödie (f)	film komedia (f)	فيلم كوميديا
Melodrama (n)	melodrama (m)	ميلودراما
Drama (n)	drama (f)	دراما
Spielfilm (m)	film χayāly (m)	فيلم خيالي
Dokumentarfilm (m)	film wasā'eqy (m)	فيلم وثائقي
Zeichentrickfilm (m)	kartōn (m)	كرتون
Stummfilm (m)	sinema ṣāmeta (f)	سينما صامتة
Rolle (f)	dore (m)	دور
Hauptrolle (f)	dore ra'īsy (m)	دور رئيسي
spielen (Schauspieler)	massel	مثّل
Filmstar (m)	negm senama'y (m)	نجم سينمائي
bekannt	maʿrūf	معروف
berühmt	maʃ-hūr	مشهور
populär	maḥbūb	محبوب
Drehbuch (n)	senario (m)	سيناريو
Drehbuchautor (m)	kāteb senario (m)	كاتب سيناريو
Regisseur (m)	moχreg (m)	مخرج
Produzent (m)	monteg (m)	منتج
Assistent (m)	mosāʿed (m)	مساعد
Kameramann (m)	moṣawwer (m)	مصوّر
Stuntman (m)	mo'addy maʃāhed χaṭīra (m)	مؤدي مشاهد خطيرة
Double (n)	momassel badīl (m)	ممثّل بديل
einen Film drehen	ṣawwar film	صوّر فيلم
Probe (f)	tagreba adā' (f)	تجربة أداء
Dreharbeiten (pl)	taṣwīr (m)	تصوير
Filmteam (n)	ṭāqem el film (m)	طاقم الفيلم
Filmset (m)	mante'et taṣwīr (f)	منطقة التصوير
Filmkamera (f)	kamera (f)	كاميرا
Kino (n)	sinema (f)	سينما
Leinwand (f)	ʃāʃa (f)	شاشة
einen Film zeigen	ʿaraḍ film	عرض فيلم
Tonspur (f)	mosīqa taṣweriya (f)	موسيقي تصويرية
Spezialeffekte (pl)	mo'asserāt χāṣa (pl)	مؤثرات خاصّة

Untertitel (pl)	targamet el ḥewār (f)	ترجمة الحوار
Abspann (m)	ʃāret el nehāya (f)	شارة النهاية
Übersetzung (f)	targama (f)	ترجمة

126. Gemälde

Kunst (f)	fann (m)	فنّ
schönen Künste (pl)	fonūn gamīla (pl)	فنون جميلة
Kunstgalerie (f)	maʿraḍ fonūn (m)	معرض فنون
Kunstausstellung (f)	maʿraḍ fanny (m)	معرض فنّي
Malerei (f)	lawḥa (f)	لوحة
Graphik (f)	fann taṣwīry (m)	فنّ تصويري
abstrakte Kunst (f)	fann tagrīdy (m)	فنّ تجريدي
Impressionismus (m)	el enṭebāʿiya (f)	الإنطباعيّة
Bild (n)	lawḥa (f)	لوحة
Zeichnung (Kohle- usw.)	rasm (m)	رسم
Plakat (n)	boster (m)	بوستر
Illustration (f)	rasm tawḍīḥy (m)	رسم توضيحي
Miniatur (f)	ṣūra moṣagɣara (f)	صورة مصغّرة
Kopie (f)	nosχa (f)	نسخة
Reproduktion (f)	nosχa ṭebʾ el aṣl (f)	نسخة طبق الأصل
Mosaik (n)	fosayfesāʾ (f)	فسيفساء
Glasmalerei (f)	ʃebbāk ʾezāz mlawwen (m)	شبّاك قزاز ملوّن
Fresko (n)	taṣwīr gaṣṣy (m)	تصوير جصي
Gravüre (f)	naʾʃ (m)	نقش
Büste (f)	temsāl neṣfy (m)	تمثال نصفي
Skulptur (f)	naḥt (m)	نحت
Statue (f)	temsāl (m)	تمثال
Gips (m)	gibss (m)	جيبس
aus Gips	men el gebs	من الجيبس
Porträt (n)	bortreyh (m)	بورتريه
Selbstporträt (n)	bortreyh ʃaχṣy (m)	بورتريه شخصي
Landschaftsbild (n)	lawḥet manzar ṭabeeʿy (f)	لوحة منظر طبيعي
Stillleben (n)	ṭabeeʿa ṣāmeta (f)	طبيعة صامتة
Karikatur (f)	ṣūra karikatoriya (f)	صورة كاريكاتورية
Entwurf (m)	rasm tamhīdy (m)	رسم تمهيدي
Farbe (f)	lone (m)	لون
Aquarellfarbe (f)	alwān maya (m)	ألوان ميّة
Öl (n)	zeyt (m)	زيت
Bleistift (m)	ʾalam roṣāṣ (m)	قلم رصاص
Tusche (f)	ḥebr hendy (m)	حبر هندي
Kohle (f)	faḥm (m)	فحم
zeichnen (vt)	rasam	رسم
malen (vi, vt)	rasam	رسم
Modell stehen	ʾaʿad	قعد
Modell (Mask.)	modeyl ḥayī amām el rassām (m)	موديل حيّ أمام الرسّام

Modell (Fem.)	modeyl ḥayī amām el rassām (m)	موديل حيّ أمام الرسّام
Maler (m)	rassām (m)	رسّام
Kunstwerk (n)	'amal fanny (m)	عمل فنّي
Meisterwerk (n)	toḥfa faniya (f)	تحفة فنية
Atelier (n), Werkstatt (f)	warʃa (f)	ورشة
Leinwand (f)	kanava (f)	كانفا
Staffelei (f)	masnad el loḥe (m)	مسند اللوح
Palette (f)	lawḥet el alwān (f)	لوحة الألوان
Rahmen (m)	eṭār (m)	إطار
Restauration (f)	tarmīm (m)	ترميم
restaurieren (vt)	rammem	رمم

127. Literatur und Dichtkunst

Literatur (f)	adab (m)	أدب
Autor (m)	mo'allef (m)	مؤلّف
Pseudonym (n)	esm mosta'ār (m)	اسم مستعار
Buch (n)	ketāb (m)	كتاب
Band (m)	mogallad (m)	مجلّد
Inhaltsverzeichnis (n)	gadwal el moḥtawayāt (m)	جدوَل المحتويات
Seite (f)	ṣafḥa (f)	صفحة
Hauptperson (f)	el ʃaχṣiya el ra'esiya (f)	الشخصية الرئيسية
Autogramm (n)	tawqee' el mo'allef (m)	توقيع المؤلّف
Kurzgeschichte (f)	qeṣṣa 'aṣīra (f)	قصّة قصيرة
Erzählung (f)	'oṣṣa (f)	قصّة
Roman (m)	rewāya (f)	رواية
Werk (Buch usw.)	mo'allef (m)	مؤلّف
Fabel (f)	ḥekāya (f)	حكاية
Krimi (m)	rewāya bolesiya (f)	رواية بوليسية
Gedicht (n)	'aṣīda (f)	قصيدة
Dichtung (f), Poesie (f)	ʃe'r (m)	شعر
Gedicht (n)	'aṣīda (f)	قصيدة
Dichter (m)	ʃā'er (m)	شاعر
schöne Literatur (f)	χayāl (m)	خيال
Science-Fiction (f)	χayāl 'elmy (m)	خيال علمي
Abenteuer (n)	adab el moɣamrāt (m)	أدب المغامرات
Schülerliteratur (pl)	adab tarbawy (m)	أدب تربوي
Kinderliteratur (f)	adab el aṭfāl (m)	أدب الأطفال

128. Zirkus

Zirkus (m)	serk (m)	سيرك
Wanderzirkus (m)	serk motana''el (m)	سيرك متنقّل
Programm (n)	barnāmeg (m)	برنامج
Vorstellung (f)	adā' (m)	أداء

Nummer (f)	ʿarḍ (m)	عرض
Manege (f)	ḥalabet el serk (f)	حلبة السيرك
Pantomime (f)	momassel īmāʾy (m)	ممثّل إيمائي
Clown (m)	aragoze (m)	أراجوز
Akrobat (m)	bahlawān (m)	بهلوان
Akrobatik (f)	alʿab bahlawaniya (f)	ألعاب بهلوانية
Turner (m)	lāʿeb gombāz (m)	لاعب جمباز
Turnen (n)	gombāz (m)	جمباز
Salto (m)	ḥarakāt ʃaʾlaba (pl)	حركات شقلبة
Kraftmensch (m)	el ragl el qawy (m)	الرجل القوي
Bändiger, Dompteur (m)	morawweḍ (m)	مروّض
Reiter (m)	fāres (m)	فارس
Assistent (m)	mosāʿed (m)	مساعد
Trick (m)	ḥeyla (f)	حيلة
Zaubertrick (m)	χedʿa seḥriya (f)	خدعة سحرية
Zauberkünstler (m)	sāḥer (m)	ساحر
Jongleur (m)	bahlawān (m)	بهلوان
jonglieren (vi)	leʿeb be korāt ʿadīda	لعب بكرات عديدة
Dresseur (m)	modarreb ḥayawanāt (m)	مدرّب حيوانات
Dressur (f)	tadrīb el ḥayawanāt (m)	تدريب الحيوانات
dressieren (vt)	darrab	درّب

129. Musik. Popmusik

Musik (f)	mosīqa (f)	موسيقى
Musiker (m)	ʿāzef (m)	عازف
Musikinstrument (n)	ʾāla moseqiya (f)	آلة موسيقيّة
spielen (auf der Gitarre ~)	ʿazaf ...	عزف...
Gitarre (f)	guitar (m)	جيتار
Geige (f)	kamān (m)	كمان
Cello (n)	el tʃello (m)	التشيلو
Kontrabass (m)	kamān kebīr (m)	كمان كبير
Harfe (f)	qesār (m)	قيثار
Klavier (n)	biano (m)	بيانو
Flügel (m)	biano kebīr (m)	بيانو كبير
Orgel (f)	arγan (m)	أرغن
Blasinstrumente (pl)	ʾālāt el nafχ (pl)	آلات النفخ
Oboe (f)	mezmār (m)	مزمار
Saxophon (n)	saksofon (m)	ساكسوفون
Klarinette (f)	klarinet (m)	كلارنيت
Flöte (f)	flute (m)	فلوت
Trompete (f)	būʾ (m)	بوق
Akkordeon (n)	okordiōn (m)	أكورديون
Trommel (f)	ṭabla (f)	طبلة
Duo (n)	sonāʾy (m)	ثنائي

Trio (n)	solāsy (m)	ثلاثي
Quartett (n)	robā'y (m)	رباعي
Chor (m)	korale (m)	كورال
Orchester (n)	orkestra (f)	أوركسترا
Popmusik (f)	mosīqa el bob (f)	موسيقى البوب
Rockmusik (f)	mosīqa el rok (f)	موسيقى الروك
Rockgruppe (f)	fer'et el rokk (f)	فرقة الروك
Jazz (m)	ʒāzz (m)	جاز
Idol (n)	ma'būd (m)	معبود
Verehrer (m)	mo'gab (m)	معجب
Konzert (n)	ḥafla mūsiqiya (f)	حفلة موسيقيّة
Sinfonie (f)	semfoniya (f)	سمفونيّة
Komposition (f)	'eṭ'a mosiqiya (f)	قطعة موسيقيّة
komponieren (vt)	allaf	ألّف
Gesang (m)	ɣenā' (m)	غناء
Lied (n)	oɣniya (f)	أغنيّة
Melodie (f)	laḥn (m)	لحن
Rhythmus (m)	eqā' (m)	إيقاع
Blues (m)	mosīqa el blues (f)	موسيقى البلوز
Noten (pl)	notāt (pl)	نوتات
Taktstock (m)	'aṣa el maystro (m)	عصا المايسترو
Bogen (m)	qose (m)	قوس
Saite (f)	watar (m)	وتر
Koffer (Violinen-)	ʃanṭa (f)	شنطة

Erholung. Unterhaltung. Reisen

130. Ausflug. Reisen

Tourismus (m)	seyāḥa (f)	سياحة
Tourist (m)	sā'eḥ (m)	سائح
Reise (f)	reḥla (f)	رحلة
Abenteuer (n)	moɣamra (f)	مغامرة
Fahrt (f)	reḥla (f)	رحلة
Urlaub (m)	agāza (f)	أجازة
auf Urlaub sein	kān fi agāza	كان في أجازة
Erholung (f)	estrāḥa (f)	إستراحة
Zug (m)	qeṭār, 'aṭṭr (m)	قطار
mit dem Zug	bel qeṭār - bel aṭṭr	بالقطار
Flugzeug (n)	ṭayāra (f)	طيّارة
mit dem Flugzeug	bel ṭayāra	بالطيّارة
mit dem Auto	bel sayāra	بالسيّارة
mit dem Schiff	bel safīna	بالسفينة
Gepäck (n)	el ʃonaṭ (pl)	الشنط
Koffer (m)	ʃanṭa (f)	شنطة
Gepäckwagen (m)	'arabet ʃonaṭ (f)	عربة شنط
Pass (m)	basbore (m)	باسبور
Visum (n)	ta'ʃīra (f)	تأشيرة
Fahrkarte (f)	tazkara (f)	تذكرة
Flugticket (n)	tazkara ṭayarān (f)	تذكرة طيران
Reiseführer (m)	dalīl (m)	دليل
Landkarte (f)	χarīṭa (f)	خريطة
Gegend (f)	mante'a (f)	منطقة
Ort (wunderbarer ~)	makān (m)	مكان
Exotika (pl)	ɣarāba (f)	غرابة
exotisch	ɣarīb	غريب
erstaunlich (Adj)	mod-heʃ	مدهش
Gruppe (f)	magmū'a (f)	مجموعة
Ausflug (m)	gawla (f)	جولة
Reiseleiter (m)	morʃed (m)	مرشد

131. Hotel

Hotel (n)	fondo' (m)	فندق
Motel (n)	motel (m)	موتيل
drei Sterne	talat nogūm	ثلاث نجوم

fünf Sterne	χamas nogūm	خمس نجوم
absteigen (vi)	nezel	نزل
Hotelzimmer (n)	oḍa (f)	أوضة
Einzelzimmer (n)	owḍa le ʃaχṣ wāḥed (f)	أوضة لشخص واحد
Zweibettzimmer (n)	oḍa le ʃaχṣeyn (f)	أوضة لشخصين
reservieren (vt)	ḥagaz owḍa	حجز أوضة
Halbpension (f)	wagbeteyn fel yome (du)	وجبتين في اليوم
Vollpension (f)	talat wagabāt fel yome	ثلاث وجبات في اليوم
mit Bad	bel banyo	بـ البانيو
mit Dusche	bel doʃ	بالدوش
Satellitenfernsehen (n)	televizion be qanawāt faḍā'iya (m)	تليفزيون بقنوات فضائية
Klimaanlage (f)	takyīf (m)	تكييف
Handtuch (n)	fūṭa (f)	فوطة
Schlüssel (m)	meftāḥ (m)	مفتاح
Verwalter (m)	modīr (m)	مدير
Zimmermädchen (n)	ʿāmela tandīf ɣoraf (f)	عاملة تنظيف غرف
Träger (m)	ʃayāl (m)	شيّال
Portier (m)	bawwāb (m)	بوّاب
Restaurant (n)	maṭʿam (m)	مطعم
Bar (f)	bār (m)	بار
Frühstück (n)	foṭūr (m)	فطور
Abendessen (n)	ʿaʃā' (m)	عشاء
Buffet (n)	bofeyh (m)	بوفيه
Foyer (n)	rad-ha (f)	ردهة
Aufzug (m), Fahrstuhl (m)	asanseyr (m)	اسانسير
BITTE NICHT STÖREN!	nargu ʿadam el ezʿāg	نرجو عدم الإزعاج
RAUCHEN VERBOTEN!	mamnūʿ el tadχīn	ممنوع التدخين

132. Bücher. Lesen

Buch (n)	ketāb (m)	كتاب
Autor (m)	mo'allef (m)	مؤلف
Schriftsteller (m)	kāteb (m)	كاتب
verfassen (vt)	allaf	ألّف
Leser (m)	qāre' (m)	قارئ
lesen (vi, vt)	'ara	قرأ
Lesen (n)	qerā'a (f)	قراءة
still (~ lesen)	beṣamt	بصمت
laut (Adv)	beṣote ʿāly	بصوت عالي
verlegen (vt)	naʃar	نشر
Ausgabe (f)	naʃr (m)	نشر
Herausgeber (m)	nāʃer (m)	ناشر
Verlag (m)	dar el ṭebāʿa wel naʃr (f)	دار الطباعة والنشر

erscheinen (Buch)	ṣadar	صدر
Erscheinen (n)	ṣodūr (m)	صدور
Auflage (f)	'adad el nosaχ (m)	عدد النسخ
Buchhandlung (f)	maḥal kotob (m)	محل كتب
Bibliothek (f)	maktaba (f)	مكتبة
Erzählung (f)	ʾoṣṣa (f)	قصّة
Kurzgeschichte (f)	qeṣṣa ʾaṣīra (f)	قصّة قصيرة
Roman (m)	rewāya (f)	رواية
Krimi (m)	rewāya bolesiya (f)	رواية بوليسية
Memoiren (pl)	mozakkerāt (pl)	مذكّرات
Legende (f)	osṭūra (f)	أسطورة
Mythos (m)	χorāfa (f)	خرافة
Gedichte (pl)	ʃe'r (m)	شعر
Autobiographie (f)	sīret ḥayah (f)	سيرة حياة
ausgewählte Werke (pl)	muχtarāt (pl)	مختارات
Science-Fiction (f)	χayāl 'elmy (m)	خيال علمي
Titel (m)	'enwān (m)	عنوان
Einleitung (f)	moqaddema (f)	مقدّمة
Titelseite (f)	ṣafḥet 'enwān (f)	صفحة العنوان
Kapitel (n)	faṣl (m)	فصل
Auszug (m)	χolāṣa (f)	خلاصة
Episode (f)	maʃ-had (m)	مشهد
Sujet (n)	ḥabka (f)	حبكة
Inhalt (m)	moḥtawayāt (pl)	محتويات
Inhaltsverzeichnis (n)	gadwal el moḥtawayāt (m)	جدوَل المحتويات
Hauptperson (f)	el ʃaχṣiya el ra'esiya (f)	الشخصية الرئيسية
Band (m)	mogallad (m)	مجلّد
Buchdecke (f)	ɣelāf (m)	غلاف
Einband (m)	taglīd (m)	تجليد
Lesezeichen (n)	ʃerīʾṭ (m)	شريط
Seite (f)	ṣafḥa (f)	صفحة
blättern (vi)	ʾalleb el ṣafaḥāt	قلّب الصفحات
Ränder (pl)	hāmeʃ (m)	هامش
Notiz (f)	molaḥza (f)	ملاحظة
Anmerkung (f)	molaḥza (f)	ملاحظة
Text (m)	noṣṣ (m)	نصّ
Schrift (f)	nū' el χaṭṭ (m)	نوع الخطّ
Druckfehler (m)	χaṭa' maṭba'y (m)	خطأ مطبعيّ
Übersetzung (f)	targama (f)	ترجمة
übersetzen (vt)	targem	ترجم
Original (n)	aṣliya (f)	أصلية
berühmt	maʃ-hūr	مشهور
unbekannt	meʃ ma'rūf	مش معروف
interessant	moʃawweq	مشوّق

Bestseller (m)	aktar mabee'an (m)	أكثر مبيعاً
Wörterbuch (n)	qamūs (m)	قاموس
Lehrbuch (n)	ketāb ta'līm (m)	كتاب تعليم
Enzyklopädie (f)	ensayklopedia (f)	إنسيكلوبيديا

133. Jagen. Fischen

Jagd (f)	ṣeyd (m)	صيد
jagen (vi)	eṣṭād	إصطاد
Jäger (m)	ṣayād (m)	صيّاد
schießen (vi)	ḍarab bel nār	ضرب بالنار
Gewehr (n)	bondoqiya (f)	بندقيّة
Patrone (f)	roṣāṣa (f)	رصاصة
Schrot (n)	'eyār (m)	عيار
Falle (f)	maṣyada (f)	مصيّدة
Schlinge (f)	fakχ (m)	فخّ
in die Falle gehen	we'e' fe fakχ	وقع في فخّ
eine Falle stellen	naṣb fakχ	نصب فخّ
Wilddieb (m)	sāre' el ṣeyd (m)	سارق الصيد
Wild (n)	ṣeyd (m)	صيد
Jagdhund (m)	kalb ṣeyd (m)	كلب صيد
Safari (f)	safāry (m)	سفاري
ausgestopftes Tier (n)	ḥayawān moḥannaṭ (m)	حيوان محنّط
Fischer (m)	ṣayād el samak (m)	صيّاد السمك
Fischen (n)	ṣeyd el samak (m)	صيد السمك
angeln, fischen (vt)	eṣṭād samak	إصطاد سمك
Angel (f)	ṣennāra (f)	صنّارة
Angelschnur (f)	χeyṭ (m)	خيط
Haken (m)	ʃaṣ el garīma (m)	شص الصيد
Schwimmer (m)	'awwāma (f)	عوّامة
Köder (m)	ṭa'm (m)	طعم
die Angel auswerfen	ṭaraḥ el ṣennāra	طرح الصنّارة
anbeißen (vi)	'aḍḍ	عضّ
Fang (m)	el samak el moṣṭād (m)	السمك المصطاد
Eisloch (n)	fat-ḥa fel galīd (f)	فتحة في الجليد
Netz (n)	ʃabaket el ṣeyd (f)	شبكة الصيد
Boot (n)	markeb (m)	مركب
mit dem Netz fangen	eṣṭād bel ʃabaka	إصطاد بالشبكة
das Netz hineinwerfen	rama ʃabaka	رمى شبكة
das Netz einholen	aχrag ʃabaka	أخرج شبكة
ins Netz gehen	we'e' fe ʃabaka	وقع في شبكة
Walfänger (m)	ṣayād el ḥūt (m)	صيّاد الحوت
Walfangschiff (n)	safīna ṣeyd hitān (f)	سفينة صيد الحيتان
Harpune (f)	ḥerba (f)	حربة

134. Spiele. Billard

Billard (n)	bilyardo (m)	بلياردو
Billardzimmer (n)	qāʿa bilyardo (m)	قاعة بلياردو
Billardkugel (f)	kora (f)	كرة
eine Kugel einlochen	dakχal kora	دخّل كرة
Queue (n)	ʿaṣāyet bilyardo (f)	عصاية بلياردو
Tasche (f), Loch (n)	geyb bilyardo (m)	جيب بلياردو

135. Spiele. Kartenspiele

Karo (n)	el dinary (m)	الديناري
Pik (n)	el bastūny (m)	البستوني
Herz (n)	el koba (f)	الكوبة
Kreuz (n)	el sebāty (m)	السباتي
As (n)	ʾāss (m)	آس
König (m)	malek (m)	ملك
Dame (f)	maleka (f)	ملكة
Bube (m)	walad (m)	ولد
Spielkarte (f)	waraʾa (f)	ورقة
Karten (pl)	waraʾ (m)	ورق
Trumpf (m)	waraʾa rābeḥa (f)	ورقة رابحة
Kartenspiel (abgenutztes ~)	desta waraʾ ʿenab (f)	دستة ورق اللعب
Punkt (m)	nuʾṭa (f)	نقطة
ausgeben (vt)	farraʾ	فرّق
mischen (vt)	χalaṭ	خلط
Zug (m)	dore (m)	دور
Falschspieler (m)	moḥtāl fel ʾomār (m)	محتال في القمار

136. Erholung. Spiele. Verschiedenes

spazieren gehen (vi)	tamasʃa	تمشّى
Spaziergang (m)	tamʃeya (f)	تمشيّة
Fahrt (im Wagen)	gawla bel sayāra (f)	جولة بالسيّارة
Abenteuer (n)	moɣamra (f)	مغامرة
Picknick (n)	nozha (f)	نزهة
Spiel (n)	leʿba (f)	لعبة
Spieler (m)	lāʿeb (m)	لاعب
Partie (f)	dore (m)	دور
Sammler (m)	gāmeʿ (m)	جامع
sammeln (vt)	gammaʿ	جمّع
Sammlung (f)	magmūʿa (f)	مجموعة
Kreuzworträtsel (n)	kalemāt motaqaṭʿa (pl)	كلمات متقاطعة
Rennbahn (f)	ḥalabet el sebāʾ (f)	حلبة السباق

Diskothek (f)	disko (m)	ديسكو
Sauna (f)	sauna (f)	ساونا
Lotterie (f)	yanaṣīb (m)	يانصيب
Wanderung (f)	reḥlet taχyīm (f)	رحلة تخييم
Lager (n)	moχayam (m)	مخيّم
Zelt (n)	χeyma (f)	خيمة
Kompass (m)	boṣla (f)	بوصلة
Tourist (m)	moχayam (m)	مخيّم
fernsehen (vi)	ʃāhed	شاهد
Fernsehzuschauer (m)	moʃāhed (m)	مشاهد
Fernsehsendung (f)	barnāmeg televiziony (m)	برنامج تليفزيوني

137. Fotografie

Kamera (f)	kamera (f)	كاميرا
Foto (n)	ṣūra (f)	صورة
Fotograf (m)	moṣawwer (m)	مصوّر
Fotostudio (n)	estudio taṣwīr (m)	إستوديو تصوير
Fotoalbum (n)	albūm el ṣewar (m)	ألبوم الصور
Objektiv (n)	ʿadaset kamera (f)	عدسة الكاميرا
Teleobjektiv (n)	ʿadasa teleskopiya (f)	عدسة تلسكوبيّة
Filter (n)	filter (m)	فلتر
Linse (f)	ʿadasa (f)	عدسة
Optik (f)	baṣrīāt (pl)	بصريات
Blende (f)	saddāda (f)	سدّادة
Belichtungszeit (f)	moddet el taʿarroḍ (f)	مدّة التعرض
Sucher (m)	el ʿeyn el faḥeṣa (f)	العين الفاحصة
Digitalkamera (f)	kamera diʒital (f)	كاميرا ديجيتال
Stativ (n)	tribod (m)	ترايبود
Blitzgerät (n)	flāʃ (m)	فلاش
fotografieren (vt)	ṣawwar	صوّر
aufnehmen (vt)	ṣawwar	صوّر
sich fotografieren lassen	etṣawwar	إتصوّر
Fokus (m)	tarkīz (m)	تركيز
den Fokus einstellen	rakkez	ركّز
scharf (~ abgebildet)	ḥādda	حادّة
Schärfe (f)	ḥedda (m)	حدّة
Kontrast (m)	tabāyon (m)	تباين
kontrastreich	motabāyen	متباين
Aufnahme (f)	ṣūra (f)	صورة
Negativ (n)	el nosχa el salba (f)	النسخة السالبة
Rollfilm (m)	film (m)	فيلم
Einzelbild (n)	eṭār (m)	إطار
drucken (vt)	ṭabaʿ	طبع

138. Strand. Schwimmen

Strand (m)	ʃāṭe' (m)	شاطئ
Sand (m)	raml (m)	رمل
menschenleer	mahgūr	مهجور
Bräune (f)	esmerār el baʃra (m)	إسمرار البشرة
sich bräunen	etʃammes	إتشمّس
gebräunt	asmar	أسمر
Sonnencreme (f)	krīm wāqy men el ʃams (m)	كريم واقي من الشمس
Bikini (m)	bikini (m)	بكيني
Badeanzug (m)	mayo (m)	مايوه
Badehose (f)	mayo regāly (m)	مايوه رجالي
Schwimmbad (n)	ḥammām sebāḥa (m)	حمّام سباحة
schwimmen (vi)	ʿām, sabaḥ	عام, سبح
Dusche (f)	doʃ (m)	دوش
sich umkleiden	ɣayar lebso	غيّر لبسه
Handtuch (n)	fūṭa (f)	فوطة
Boot (n)	markeb (m)	مركب
Motorboot (n)	lunʃ (m)	لنش
Wasserski (m)	tazallog ʿalal mā' (m)	تزلّج على الماء
Tretboot (n)	el baddāl (m)	البدّال
Surfen (n)	surfing (m)	سيرفينج
Surfer (m)	rākeb el amwāg (m)	راكب الأمواج
Tauchgerät (n)	gehāz el tanaffos (m)	جهاز التنفّس
Schwimmflossen (pl)	zaʿānef el sebāḥa (pl)	زعانف السباحة
Maske (f)	kamāma (f)	كمامة
Taucher (m)	ɣawwāṣ (m)	غوّاص
tauchen (vi)	ɣāṣ	غاص
unter Wasser	taḥt el maya	تحت المايّة
Sonnenschirm (m)	ʃamsiya (f)	شمسيّة
Liege (f)	korsy blāʒ (m)	كرسي بلاج
Sonnenbrille (f)	naḍḍāret ʃams (f)	نضّارة شمس
Schwimmmatratze (f)	martaba hawa'iya (f)	مرتبة هوائية
spielen (vi, vt)	leʿeb	لعب
schwimmen gehen	sebeḥ	سبح
Ball (m)	koret ʃaṭṭ (f)	كرة شطّ
aufblasen (vt)	nafaχ	نفخ
aufblasbar	qābel lel nafχ	قابل للنفخ
Welle (f)	mouga (f)	موجة
Boje (f)	ʃamandūra (f)	شمندورة
ertrinken (vi)	ɣere'	غرق
retten (vt)	anqaz	أنقذ
Schwimmweste (f)	sotret nagah (f)	سترة نجاة
beobachten (vt)	rāqab	راقب
Bademeister (m)	ḥāres ʃāṭe' (m)	حارس شاطئ

TECHNISCHES ZUBEHÖR. TRANSPORT

Technisches Zubehör

139. Computer

Computer (m)	kombuter (m)	كمبيوتر
Laptop (m), Notebook (n)	lab tob (m)	لابتوب
einschalten (vt)	fataḥ, ʃagɣal	فتح, شغّل
abstellen (vt)	ṭaffa	طفّى
Tastatur (f)	lawḥet el mafatīḥ (f)	لوحة المفاتيح
Taste (f)	meftāḥ (m)	مفتاح
Maus (f)	maws (m)	ماوس
Mousepad (n)	maws bād (m)	ماوس باد
Knopf (m)	zerr (m)	زرّ
Cursor (m)	mo'asʃer (m)	مؤشّر
Monitor (m)	ʃāʃa (f)	شاشة
Schirm (m)	ʃāʃa (f)	شاشة
Festplatte (f)	hard disk (m)	هارد ديسك
Festplattengröße (f)	se'et el hard disk (f)	سعة الهارد ديسك
Speicher (m)	zākera (f)	ذاكرة
Arbeitsspeicher (m)	zākerat el woṣūl el 'aʃwā'y (f)	ذاكرة الوصول العشوائي
Datei (f)	malaff (m)	ملفّ
Ordner (m)	ḥāfeza (m)	حافظة
öffnen (vt)	fataḥ	فتح
schließen (vt)	'afal	قفل
speichern (vt)	ḥafaẓ	حفظ
löschen (vt)	masaḥ	مسح
kopieren (vt)	nasaχ	نسخ
sortieren (vt)	ṣannaf	صنّف
transferieren (vt)	na'al	نقل
Programm (n)	barnāmeg (m)	برنامج
Software (f)	barmagīāt (pl)	برمجيات
Programmierer (m)	mobarmeg (m)	مبرمج
programmieren (vt)	barmag	برمج
Hacker (m)	haker (m)	هاكر
Kennwort (n)	kelmet el serr (f)	كلمة السرّ
Virus (m, n)	virūs (m)	فيروس
entdecken (vt)	la'a	لقى
Byte (n)	byte (m)	بايت

Megabyte (n)	megabayt (m)	ميجا بايت
Daten (pl)	bayanāt (pl)	بيانات
Datenbank (f)	qa'edet bayanāt (f)	قاعدة بيانات
Kabel (n)	kabl (m)	كابل
trennen (vt)	faṣal	فصل
anschließen (vt)	waṣṣal	وصّل

140. Internet. E-Mail

Internet (n)	internet (m)	إنترنت
Browser (m)	motaṣaffeḥ (m)	متصفّح
Suchmaschine (f)	moḥarrek baḥs (m)	محرك بحث
Provider (m)	ʃerket el internet (f)	شركة الإنترنت
Webmaster (m)	modīr el mawqe' (m)	مدير الموقع
Website (f)	mawqe' elektrony (m)	موقع الكتروني
Webseite (f)	ṣafḥet web (f)	صفحة ويب
Adresse (f)	'enwān (m)	عنوان
Adressbuch (n)	daftar el 'anawīn (m)	دفتر العناوين
Mailbox (f)	ṣandū' el barīd (m)	صندوق البريد
Post (f)	barīd (m)	بريد
überfüllt (-er Briefkasten)	mumtali'	ممتلىء
Mitteilung (f)	resāla (f)	رسالة
eingehenden Nachrichten	rasa'el wārda (pl)	رسائل واردة
ausgehenden Nachrichten	rasa'el ṣādra (pl)	رسائل صادرة
Absender (m)	morsel (m)	مرسل
senden (vt)	arsal	أرسل
Absendung (f)	ersāl (m)	إرسال
Empfänger (m)	morsel elayh (m)	مرسل إليه
empfangen (vt)	estalam	إستلم
Briefwechsel (m)	morasla (f)	مراسلة
im Briefwechsel stehen	tarāsal	تراسل
Datei (f)	malaff (m)	ملفّ
herunterladen (vt)	ḥammel	حمّل
schaffen (vt)	'amal	عمل
löschen (vt)	masaḥ	مسح
gelöscht (Datei)	mamsūḥ	ممسوح
Verbindung (f)	etteṣāl (m)	إتّصال
Geschwindigkeit (f)	sor'a (f)	سرعة
Modem (n)	modem (m)	مودم
Zugang (m)	woṣūl (m)	وصول
Port (m)	maχrag (m)	مخرج
Anschluss (m)	etteṣāl (m)	إتّصال
sich anschließen	yuwṣel	يوصل
auswählen (vt)	eχtār	إختار
suchen (vt)	baḥs	بحث

Transport

141. Flugzeug

Flugzeug (n)	ṭayāra (f)	طيّارة
Flugticket (n)	tazkara ṭayarān (f)	تذكرة طيران
Fluggesellschaft (f)	ʃerket ṭayarān (f)	شركة طيران
Flughafen (m)	maṭār (m)	مطار
Überschall-	χāreq lel ṣote	خارق للصوت
Flugkapitän (m)	kabten (m)	كابتن
Besatzung (f)	ṭa'm (m)	طقم
Pilot (m)	ṭayār (m)	طيّار
Flugbegleiterin (f)	moḍīfet ṭayarān (f)	مضيفة طيران
Steuermann (m)	mallāḥ (m)	ملاّح
Flügel (pl)	agneḥa (pl)	أجنحة
Schwanz (m)	deyl (m)	ذيل
Kabine (f)	kabīna (f)	كابينة
Motor (m)	motore (m)	موتور
Fahrgestell (n)	'agalāt el hobūṭ (pl)	عجلات الهبوط
Turbine (f)	torbīna (f)	توربينة
Propeller (m)	marwaḥa (f)	مروّحة
Flugschreiber (m)	mosaggel el ṭayarān (m)	مسجّل الطيران
Steuerrad (n)	moqawwed el ṭayāra (m)	مقوّد الطيّارة
Treibstoff (m)	woqūd (m)	وقود
Sicherheitskarte (f)	beṭā'et el salāma (f)	بطاقة السلامة
Sauerstoffmaske (f)	mask el oksyʒīn (m)	ماسك الاوكسيجين
Uniform (f)	zayī muwaḥḥad (m)	زيّ موحّد
Rettungsweste (f)	sotret nagah (f)	سترة نجاة
Fallschirm (m)	baraʃot (m)	باراشوت
Abflug, Start (m)	eqlā' (m)	إقلاع
starten (vi)	aqla'et	أقلعت
Startbahn (f)	modarrag el ṭa'erāṭ (m)	مدرّج الطائرات
Sicht (f)	ro'ya (f)	رؤية
Flug (m)	ṭayarān (m)	طيران
Höhe (f)	ertefā' (m)	إرتفاع
Luftloch (n)	geyb hawā'y (m)	جيب هوائي
Platz (m)	meq'ad (m)	مقعد
Kopfhörer (m)	samma'āt ra'siya (pl)	سمّاعات رأسية
Klapptisch (m)	ṣeniya qabela lel ṭayī (f)	صينية قابلة للطيّ
Bullauge (n)	ʃebbāk el ṭayāra (m)	شبّاك الطيّارة
Durchgang (m)	mamarr (m)	ممرّ

142. Zug

Zug (m)	qeṭār, 'aṭṭr (m)	قطار
elektrischer Zug (m)	qeṭār rokkāb (m)	قطار ركّاب
Schnellzug (m)	qeṭār saree' (m)	قطار سريع
Diesellok (f)	qāṭeret dīzel (f)	قاطرة ديزل
Dampflok (f)	qāṭera boxariya (f)	قاطرة بخاريّة
Personenwagen (m)	'araba (f)	عربة
Speisewagen (m)	'arabet el ṭa'ām (f)	عربة الطعام
Schienen (pl)	qoḍbān (pl)	قضبان
Eisenbahn (f)	sekka ḥadīdiya (f)	سكّة حديديّة
Bahnschwelle (f)	'āreḍa sekket ḥadīd (f)	عارضة سكّة الحديد
Bahnsteig (m)	raṣīf (m)	رصيف
Gleis (n)	xaṭṭ (m)	خطّ
Eisenbahnsignal (n)	semafore (m)	سيمافور
Station (f)	maḥaṭṭa (f)	محطّة
Lokomotivführer (m)	sawwā' (m)	سوّاق
Träger (m)	ʃayāl (m)	شيّال
Schaffner (m)	mas'ūl 'arabet el qeṭār (m)	مسؤول عربة القطار
Fahrgast (m)	rākeb (m)	راكب
Fahrkartenkontrolleur (m)	kamsary (m)	كمسري
Flur (m)	mamarr (m)	ممرّ
Notbremse (f)	farāmel el ṭawāre' (pl)	فرامل الطوارئ
Abteil (n)	ɣorfa (f)	غرفة
Liegeplatz (m), Schlafkoje (f)	serīr (m)	سرير
oberer Liegeplatz (m)	serīr 'olwy (m)	سرير علوّي
unterer Liegeplatz (m)	serīr sofly (m)	سرير سفلي
Bettwäsche (f)	aɣṭeyet el serīr (pl)	أغطيّة السرير
Fahrkarte (f)	tazkara (f)	تذكرة
Fahrplan (m)	gadwal (m)	جدوّل
Anzeigetafel (f)	lawḥet ma'lomāt (f)	لوحة معلومات
abfahren (der Zug)	ɣādar	غادر
Abfahrt (f)	moɣadra (f)	مغادرة
ankommen (der Zug)	weṣel	وصل
Ankunft (f)	woṣūl (m)	وصول
mit dem Zug kommen	weṣel bel qeṭār	وصل بالقطار
in den Zug einsteigen	rekeb el qeṭār	ركب القطار
aus dem Zug aussteigen	nezel men el qeṭār	نزل من القطار
Zugunglück (n)	ḥeṭām qeṭār (m)	حطام قطار
entgleisen (vi)	xarag 'an xaṭṭ sīru	خرج عن خطّ سيره
Dampflok (f)	qāṭera boxariya (f)	قاطرة بخاريّة
Heizer (m)	'atʃagy (m)	عطشجي
Feuerbüchse (f)	forn el moḥarrek (m)	فرن المحرّك
Kohle (f)	faḥm (m)	فحم

143. Schiff

Schiff (n)	safīna (f)	سفينة
Fahrzeug (n)	safīna (f)	سفينة
Dampfer (m)	baχera (f)	باخرة
Motorschiff (n)	baχera nahriya (f)	باخرة نهرية
Kreuzfahrtschiff (n)	safīna seyaḥiya (f)	سفينة سياحيّة
Kreuzer (m)	ṭarrād safīna baḥariya (m)	طرّاد سفينة بحريّة
Jacht (f)	yaχt (m)	يخت
Schlepper (m)	qāṭera baḥariya (f)	قاطرة بحريّة
Lastkahn (m)	ṣandal (m)	صندل
Fähre (f)	ʿabbāra (f)	عبّارة
Segelschiff (n)	safīna ʃeraʿiya (m)	سفينة شراعيّة
Brigantine (f)	markeb ʃerāʿy (m)	مركب شراعي
Eisbrecher (m)	moḥaṭṭemet galīd (f)	محطّمة جليد
U-Boot (n)	ɣawwāṣa (f)	غوّاصة
Boot (n)	markeb (m)	مركب
Dingi (n), Beiboot (n)	zawraʾ (m)	زورق
Rettungsboot (n)	qāreb nagah (m)	قارب نجاة
Motorboot (n)	lunʃ (m)	لنش
Kapitän (m)	ʾobṭān (m)	قبطان
Matrose (m)	baḥḥār (m)	بحّار
Seemann (m)	baḥḥār (m)	بحّار
Besatzung (f)	ṭāqem (m)	طاقم
Bootsmann (m)	rabbān (m)	ربّان
Schiffsjunge (m)	ṣaby el safīna (m)	صبي السفينة
Schiffskoch (m)	ṭabbāχ (m)	طبّاخ
Schiffsarzt (m)	ṭabīb el safīna (m)	طبيب السفينة
Deck (n)	saṭ-ḥ el safīna (m)	سطح السفينة
Mast (m)	sāreya (f)	سارية
Segel (n)	ʃerāʿ (m)	شراع
Schiffsraum (m)	ʿanbar (m)	عنبر
Bug (m)	moʾaddema (m)	مقدّمة
Heck (n)	moʾaχeret el safīna (f)	مؤخّرة السفينة
Ruder (n)	megdāf (m)	مجذاف
Schraube (f)	marwaḥa (f)	مروّحة
Kajüte (f)	kabīna (f)	كابينة
Messe (f)	ɣorfet el ṭaʿām wel rāḥa (f)	غرفة الطعام والراحة
Maschinenraum (m)	qesm el ʾālāt (m)	قسم الآلات
Kommandobrücke (f)	borg el qeyāda (m)	برج القيادة
Funkraum (m)	ɣorfet el lāselky (f)	غرفة اللاسلكي
Radiowelle (f)	mouga (f)	موجة
Schiffstagebuch (n)	segel el safīna (m)	سجل السفينة
Fernrohr (n)	monzār (m)	منظار
Glocke (f)	garas (m)	جرس

Fahne (f)	ʿalam (m)	علم
Seil (n)	ḥabl (m)	حبل
Knoten (m)	ʿoʾda (f)	عقدة
Geländer (n)	drabzīn saṭ-ḥ el safīna (m)	درابزين سطح السفينة
Treppe (f)	sellem (m)	سلّم
Anker (m)	marsāh (f)	مرساة
den Anker lichten	rafaʿ morsah	رفع مرساة
Anker werfen	rasa	رسا
Ankerkette (f)	selselet morsah (f)	سلسلة مرساة
Hafen (m)	mināʾ (m)	ميناء
Anlegestelle (f)	marsa (m)	مرسى
anlegen (vi)	rasa	رسا
abstoßen (vt)	aqlaʿ	أقلع
Reise (f)	reḥla (f)	رحلة
Kreuzfahrt (f)	reḥla baḥariya (f)	رحلة بحريّة
Kurs (m), Richtung (f)	masār (m)	مسار
Reiseroute (f)	ṭarīʾ (m)	طريق
Fahrwasser (n)	magra melāḥy (m)	مجرى ملاحيّ
Untiefe (f)	meyāh ḍaḥla (f)	مياه ضحلة
stranden (vi)	ganaḥ	جنح
Sturm (m)	ʿāṣefa (f)	عاصفة
Signal (n)	eʃara (f)	إشارة
untergehen (vi)	ɣereʾ	غرق
Mann über Bord!	saʾaṭ rāgil min el sefīna!	سقط راجل من السفينة!
SOS	nedāʾ eɣāsa (m)	نداء إغاثة
Rettungsring (m)	ṭoʾe nagah (m)	طوق نجاة

144. Flughafen

Flughafen (m)	maṭār (m)	مطار
Flugzeug (n)	ṭayāra (f)	طيّارة
Fluggesellschaft (f)	ʃerket ṭayarān (f)	شركة طيران
Fluglotse (m)	marākeb el ḥaraka el gawiya (m)	مراكب الحركة الجويّة
Abflug (m)	moɣadra (f)	مغادرة
Ankunft (f)	woṣūl (m)	وصول
anfliegen (vi)	weṣel	وصل
Abflugzeit (f)	waʾt el moɣadra (m)	وقت المغادرة
Ankunftszeit (f)	waʾt el woṣūl (m)	وقت الوصول
sich verspäten	taʾakχar	تأخّر
Abflugverspätung (f)	taʾaχor el reḥla (m)	تأخّر الرحلة
Anzeigetafel (f)	lawḥet el maʿlomāt (f)	لوحة المعلومات
Information (f)	esteʿlamāt (pl)	إستعلامات
ankündigen (vt)	aʿlan	أعلن

Flug (m)	reḥlet ṭayarān (f)	رحلة طيران
Zollamt (n)	gamārek (pl)	جمارك
Zollbeamter (m)	mowazzaf el gamārek (m)	موظّف الجمارك
Zolldeklaration (f)	taṣrīḥ gomroky (m)	تصريح جمركي
ausfüllen (vt)	mala	ملا
die Zollerklärung ausfüllen	mala el taṣrīḥ	ملأ التصريح
Passkontrolle (f)	taftīʃ el gawazāt (m)	تفتيش الجوازات
Gepäck (n)	el ʃonaṭ (pl)	الشنط
Handgepäck (n)	ʃonaṭ el yad (pl)	شنط اليد
Kofferkuli (m)	ʿarabet ʃonaṭ (f)	عربة شنط
Landung (f)	hobūṭ (m)	هبوط
Landebahn (f)	mamarr el hobūṭ (m)	ممرّ الهبوط
landen (vi)	habaṭ	هبط
Fluggasttreppe (f)	sellem el ṭayāra (m)	سلّم الطيّارة
Check-in (n)	tasgīl (m)	تسجيل
Check-in-Schalter (m)	makān tasgīl (m)	مكان تسجيل
sich registrieren lassen	saggel	سجّل
Bordkarte (f)	beṭāqet el rokūb (f)	بطاقة الركوب
Abfluggate (n)	bawwābet el moɣadra (f)	بوّابة المغادرة
Transit (m)	tranzīt (m)	ترانزيت
warten (vi)	estanna	إستنّى
Wartesaal (m)	ṣālet el moɣadra (f)	صالة المغادرة
begleiten (vt)	waddaʿ	ودّع
sich verabschieden	waddaʿ	ودّع

145. Fahrrad. Motorrad

Fahrrad (n)	beskeletta (f)	بيسكلتّة
Motorroller (m)	fezba (f)	فزبة
Motorrad (n)	motosekl (m)	موتوسيكل
Rad fahren	rāḥ bel beskeletta	راح بالبسكلتّة
Lenkstange (f)	moqawwed (m)	مقوّد
Pedal (n)	dawwāsa (f)	دوّاسة
Bremsen (pl)	farāmel (pl)	فرامل
Sattel (m)	korsy (m)	كرسي
Pumpe (f)	ṭolommba (f)	طلمّبة
Gepäckträger (m)	raff el amteʿa (m)	رفّ الأمتعة
Scheinwerfer (m)	el meṣbāḥ el amāmy (m)	المصباح الأمامي
Helm (m)	χawza (f)	خوذة
Rad (n)	ʿagala (f)	عجلة
Schutzblech (n)	refrāf (m)	رفراف
Felge (f)	eṭār (m)	إطار
Speiche (f)	mekbaḥ el ʿagala (m)	مكبح العجلة

Autos

146. Autotypen

Auto (n)	sayāra (f)	سيّارة
Sportwagen (m)	sayāra reyāḍiya (f)	سيّارة رياضيّة
Limousine (f)	limozīn (m)	ليموزين
Geländewagen (m)	sayāret ṭoro' wa'ra (f)	سيّارة طرق وعرة
Kabriolett (n)	kabryoleyh (m)	كابريوليه
Kleinbus (m)	mikrobāṣ (m)	ميكروباص
Krankenwagen (m)	es'āf (m)	إسعاف
Schneepflug (m)	garrāfet talg (f)	جرّافة ثلج
Lastkraftwagen (m)	ʃāḥena (f)	شاحنة
Tankwagen (m)	nāqelet betrūl (f)	ناقلة بترول
Kastenwagen (m)	'arabiyet na'l (f)	عربيّة نقل
Sattelzug (m)	garrār (m)	جرّار
Anhänger (m)	ma'ṭūra (f)	مقطورة
komfortabel	morīḥ	مريح
gebraucht	mosta'mal	مستعمل

147. Autos. Karosserie

Motorhaube (f)	kabbūt (m)	كبّوت
Kotflügel (m)	refrāf (m)	رفراف
Dach (n)	sa'f (m)	سقف
Windschutzscheibe (f)	ezāz amāmy (f)	إزاز أمامي
Rückspiegel (m)	merāya daχeliya (f)	مراية داخلية
Scheibenwaschanlage (f)	monazzef el ezāz el amāmy (m)	منظّف الإزاز الأمامي
Scheibenwischer (m)	massāḥāt (pl)	مسّاحات
Seitenscheibe (f)	ʃebbāk gāneby (m)	شبّاك جانبي
Fensterheber (m)	ezāz kahrabā'y (m)	إزاز كهربائي
Antenne (f)	hawā'y (m)	هوائي
Schiebedach (n)	fat-ḥet el sa'f (f)	فتحة السقف
Stoßstange (f)	ekṣedām (m)	اكصدام
Kofferraum (m)	ʃanṭet el 'arabiya (f)	شنطة العربيّة
Dachgepäckträger (m)	raff sa'f el 'arabiya (m)	رفّ سقف العربيّة
Wagenschlag (m)	bāb (m)	باب
Türgriff (m)	okret el bāb (f)	اوكرة الباب
Türschloss (n)	'efl el bāb (m)	قفل الباب
Nummernschild (n)	lawḥet raqam el sayāra (f)	لوحة رقم السيارة

Auspufftopf (m)	kātem lel ṣote (m)	كاتم للصوت
Benzintank (m)	χazzān el banzīn (m)	خزّان البنزين
Auspuffrohr (n)	anbūb el 'ādem (m)	أنبوب العادم
Gas (n)	ɣāz (m)	غاز
Pedal (n)	dawwāsa (f)	دوّاسة
Gaspedal (n)	dawwāset el banzīn (f)	دوّاسة البنزين
Bremse (f)	farāmel (pl)	فرامل
Bremspedal (n)	dawwāset el farāmel (m)	دوّاسة الفرامل
bremsen (vi)	farmel	فرمل
Handbremse (f)	farāmel el enteẓār (pl)	فرامل الإنتظار
Kupplung (f)	klatʃ (m)	كلتش
Kupplungspedal (n)	dawwāset el klatʃ (f)	دوّاسة الكلتش
Kupplungsscheibe (f)	'orṣ el klatʃ (m)	قرص الكلتش
Stoßdämpfer (m)	momtaṣṣ lel ṣadamāt (m)	ممتصّ للصدمات
Rad (n)	'agala (f)	عجلة
Reserverad (n)	'agala eḥteyāṭy (f)	عجلة إحتياطية
Reifen (m)	eṭār (m)	إطار
Radkappe (f)	ṭīs (m)	طيس
Triebräder (pl)	'agalāt el qeyāda (pl)	عجلات القيادة
mit Vorderantrieb	daf' amāmy (m)	دفع أمامي
mit Hinterradantrieb	daf' χalfy (m)	دفع خلفي
mit Allradantrieb	daf' kāmel (m)	دفع كامل
Getriebe (n)	gearboks (m)	جير بوكس
Automatik-	otomatīky	أوتوماتيكي
Schalt-	mikanīky	ميكانيكي
Schalthebel (m)	meqbaḍ nāqel lel ḥaraka (m)	مقبض ناقل الحركة
Scheinwerfer (m)	el meṣbāḥ el amāmy (m)	المصباح الأمامي
Scheinwerfer (pl)	el maṣabīḥ el amamiya (pl)	المصابيح الأمامية
Abblendlicht (n)	nūr mo'aʃer monχafeḍ (pl)	نور مؤشر منخفض
Fernlicht (n)	nūr mo'asʃer 'āly (m)	نور مؤشر عالي
Stopplicht (n)	nūr el farāmel (m)	نور الفرامل
Standlicht (n)	lambet el enteẓār (f)	لمبة الإنتظار
Warnblinker (m)	eʃārāt el taḥzīr (pl)	إشارات التحذير
Nebelscheinwerfer (pl)	kasʃāf el ḍabāb (m)	كشّاف الضباب
Blinker (m)	eʃāret el en'eṭāf (f)	إشارة الإنعطاف
Rückfahrscheinwerfer (m)	ḍū' el rogū' lel χalf (m)	ضوء الرجوع للخلف

148. Autos. Fahrgastraum

Wageninnere (n)	ṣalone el sayāra (m)	صالون السيارة
Leder-	men el geld	من الجلد
aus Velours	men el moχmal	من المخمل
Polster (n)	tangīd (m)	تنجيد
Instrument (n)	gehāz (m)	جهاز
Armaturenbrett (n)	lawḥet ag hoza (f)	لوحة أجهزة

Tachometer (m)	me'yās sor'a (m)	مقياس سرعة
Nadel (f)	mo'asʃer (m)	مؤشّر
Kilometerzähler (m)	'addād el mesafāt (m)	عدّاد المسافات
Anzeige (Temperatur-)	'addād (m)	عدّاد
Pegel (m)	mostawa (m)	مستوى
Kontrollleuchte (f)	lammbet enzār (f)	لمّبة إنذار
Steuerrad (n)	moqawwed (m)	مقوّد
Hupe (f)	kalaks (m)	كلاكس
Knopf (m)	zerr (m)	زرّ
Umschalter (m)	nāqel, meftāḥ (m)	ناقل, مفتاح
Sitz (m)	korsy (m)	كرسي
Rückenlehne (f)	masnad el ḍahr (m)	مسند الظهر
Kopfstütze (f)	masnad el ra's (m)	مسند الرأس
Sicherheitsgurt (m)	ḥezām el amān (m)	حزام الأمان
sich anschnallen	rabaṭ el ḥezām	ربط الحزام
Einstellung (f)	ḍabṭ (m)	ضبط
Airbag (m)	wesāda hawa'iya (f)	وسادة هوائية
Klimaanlage (f)	takyīf (m)	تكييف
Radio (n)	radio (m)	راديو
CD-Spieler (m)	moʃagɣel sidi (m)	مشغّل سي دي
einschalten (vt)	fataḥ, ʃagɣal	فتح, شغّل
Antenne (f)	hawā'y (m)	هوائي
Handschuhfach (n)	dorg (m)	درج
Aschenbecher (m)	ṭa'ṭū'a (f)	طقطوقة

149. Autos. Motor

Triebwerk (n)	moḥarrek (m)	محرّك
Motor (m)	motore (m)	موتور
Diesel-	'alal diesel	على الديزل
Benzin-	'alal banzīn	على البنزين
Hubraum (m)	ḥagm el moḥarrek (m)	حجم المحرّك
Leistung (f)	'owwa (f)	قوّة
Pferdestärke (f)	ḥoṣān (m)	حصان
Kolben (m)	mekbas (m)	مكبس
Zylinder (m)	esṭewāna (f)	أسطوانة
Ventil (n)	ṣamām (m)	صمام
Injektor (m)	baχāχa (f)	بخّاخة
Generator (m)	mowalled (m)	مولّد
Vergaser (m)	karburetor (m)	كاربراتير
Motoröl (n)	zeyt el moḥarrek (m)	زيت المحرّك
Kühler (m)	radiator (m)	رادياتير
Kühlflüssigkeit (f)	mobarred (m)	مبرّد
Ventilator (m)	marwaḥa (f)	مروحة
Autobatterie (f)	baṭṭariya (f)	بطّاريّة
Anlasser (m)	meftāḥ el taʃɣīl (m)	مفتاح التشغيل

Zündung (f)	nezām taʃɣīl (m)	نظام تشغيل
Zündkerze (f)	ʃam'et el eḥterāq (f)	شمعة الإحتراق
Klemme (f)	ṭaraf tawṣīl (m)	طرف توصيل
Pluspol (m)	ṭaraf muwgeb (m)	طرف موجب
Minuspol (m)	ṭaraf sāleb (m)	طرف سالب
Sicherung (f)	fetīl (m)	فتيل
Luftfilter (m)	ṣaffāyet el hawā' (f)	صفّاية الهواء
Ölfilter (m)	ṣaffāyet el zeyt (f)	صفّاية الزيت
Treibstofffilter (m)	ṣaffāyet el banzīn (f)	صفّاية البنزين

150. Autos. Unfall. Reparatur

Unfall (m)	ḥadset sayāra (f)	حادثة سيارة
Verkehrsunfall (m)	ḥādes morūry (m)	حادث مروري
fahren gegen ...	χabaṭ	خبط
verunglücken (vi)	daʃdaʃ	دشدش
Schaden (m)	χesāra (f)	خسارة
heil (Adj)	salīm	سليم
kaputtgehen (vi)	ta'aṭṭal	تعطّل
Abschleppseil (n)	ḥabl el saḥb	حبل السحب
Reifenpanne (f)	soqb (m)	ثقب
platt sein	fasʃ	فشّ
pumpen (vt)	nafaχ	نفخ
Reifendruck (m)	ḍaɣṭ (m)	ضغط
prüfen (vt)	eχtabar	إختبر
Reparatur (f)	taṣlīḥ (m)	تصليح
Reparaturwerkstatt (f)	warʃet taṣlīḥ 'arabīāt (f)	ورشة تصليح عربيات
Ersatzteil (n)	'eṭ'et ɣeyār (f)	قطعة غيار
Einzelteil (n)	'eṭ'a (f)	قطعة
Bolzen (m)	mesmār 'alawoze (m)	مسمار قلاووظ
Schraube (f)	mesmār (m)	مسمار
Schraubenmutter (f)	ṣamūla (f)	صامولة
Scheibe (f)	warda (f)	وردة
Lager (n)	maḥmal (m)	محمل
Rohr (Abgas-)	anbūba (f)	أنبوبة
Dichtung (f)	'az'a (f)	عزقة
Draht (m)	selk (m)	سلك
Wagenheber (m)	'afrīta (f)	عفريطة
Schraubenschlüssel (m)	meftāḥ rabṭ (m)	مفتاح ربط
Hammer (m)	ʃakūʃ (m)	شاكوش
Pumpe (f)	ṭolommba (f)	طلمّبة
Schraubenzieher (m)	mefakk (m)	مفكّ
Feuerlöscher (m)	ṭaffayet ḥarī' (f)	طفّاية حريق
Warndreieck (n)	eʃāret taḥzīr (f)	إشارة تحذير
abwürgen (Motor)	et'aṭṭal	إتعطّل

Anhalten (~ des Motors)	tawaqqof (m)	توقّف
kaputt sein	kān maksūr	كان مكسور
überhitzt werden (Motor)	soχn aktar men el lāzem	سخن أكثر من اللازم
verstopft sein	kān masdūd	كان مسدود
einfrieren (Schloss, Rohr)	etgammed	إتجمّد
zerplatzen (vi)	enqaṭaʿ - ettʾaṭṭaʿ	إنقطع
Druck (m)	ḍaχṭ (m)	ضغط
Pegel (m)	mostawa (m)	مستوى
schlaff (z.B. -e Riemen)	ḍaʿīf	ضعيف
Delle (f)	ṭaʿga (f)	طعجة
Klopfen (n)	daʾʾ (m)	دقّ
Riß (m)	ʃaʾʾ (m)	شقّ
Kratzer (m)	χadʃ (m)	خدش

151. Autos. Straßen

Fahrbahn (f)	ṭarīʾ (m)	طريق
Schnellstraße (f)	ṭarīʾ sareeʿ (m)	طريق سريع
Autobahn (f)	otostrad (m)	اوتوستراد
Richtung (f)	ettegāh (m)	إتّجاه
Entfernung (f)	masāfa (f)	مسافة
Brücke (f)	kobry (m)	كبري
Parkplatz (m)	mawʾef el ʿarabeyāt (m)	موقف العربيات
Platz (m)	medān (m)	ميدان
Autobahnkreuz (n)	taqāṭoʿ ṭoroʾ (m)	تقاطع طرق
Tunnel (m)	nafaʾ (m)	نفق
Tankstelle (f)	maḥaṭṭet banzīn (f)	محطّة بنزين
Parkplatz (m)	mawʾef el ʿarabeyāt (m)	موقف العربيات
Zapfsäule (f)	maḍaχet banzīn (f)	مضخّة بنزين
Reparaturwerkstatt (f)	warʃet taṣlīḥ ʿarabīāt (f)	ورشة تصليح عربيات
tanken (vt)	mala banzīn	ملى بنزين
Treibstoff (m)	woqūd (m)	وقود
Kanister (m)	ʒerken (m)	جركن
Asphalt (m)	asfalt (m)	اسفلت
Markierung (f)	ʿalamāt el ṭarīʾ (pl)	علامات الطريق
Bordstein (m)	bardora (f)	بردورة
Leitplanke (f)	sūr (m)	سور
Graben (m)	terʿa (f)	ترعة
Straßenrand (m)	ḥaffet el ṭarīʾ (f)	حافّة الطريق
Straßenlaterne (f)	ʿamūd nūr (m)	عمود نور
fahren (vt)	sāʾ	ساق
abbiegen (nach links ~)	ḥād	حاد
umkehren (vi)	laff fe u-turn	لفّ في يو تيرن
Rückwärtsgang (m)	ḥaraka ela al warāʾ (f)	حركة إلى الوراء
hupen (vi)	zammar	زمّر
Hupe (f)	kalaks (m)	كلاكس

stecken (im Schlamm ~)	ɣaraz	غرز
durchdrehen (Räder)	dawwar	دور
abstellen (Motor ~)	awqaf	أوقف
Geschwindigkeit (f)	sorʿa (f)	سرعة
Geschwindigkeit überschreiten	ʿadda el sorʿa	عدّى السرعة
bestrafen (vt)	faraḍ ɣarāma	فرض غرامة
Ampel (f)	eʃārāt el morūr (pl)	إشارات المرور
Führerschein (m)	roχṣet el qeyāda (f)	رخصة قيادة
Bahnübergang (m)	maʿbar (m)	معبر
Straßenkreuzung (f)	taqāṭoʿ (m)	تقاطع
Fußgängerüberweg (m)	maʿbar (m)	معبر
Kehre (f)	monʿaṭaf (m)	منعطف
Fußgängerzone (f)	manteʾa lel moʃāh (f)	منطقة للمشاة

MENSCHEN. LEBENSEREIGNISSE

Lebensereignisse

152. Feiertage. Ereignis

Fest (n)	ʿīd (m)	عيد
Nationalfeiertag (m)	ʿīd waṭany (m)	عيد وطني
Feiertag (m)	agāza rasmiya (f)	أجازة رسميّة
feiern (vt)	eḥtafal be zekra	إحتفل بذكرى
Ereignis (n)	ḥadass (m)	حدث
Veranstaltung (f)	monasba (f)	مناسبة
Bankett (n)	walīma (f)	وليمة
Empfang (m)	ḥaflet este'bāl (f)	حفلة إستقبال
Festmahl (n)	walīma (f)	وليمة
Jahrestag (m)	zekra sanawiya (f)	ذكرى سنوية
Jubiläumsfeier (f)	yobeyl (m)	يوبيل
begehen (vt)	eḥtafal	إحتفل
Neujahr (n)	ra's el sanna (m)	رأس السنة
Frohes Neues Jahr!	koll sana wenta ṭayeb!	كلّ سنة وأنت طيّب!
Weihnachtsmann (m)	baba neweyl (m)	بابا نويل
Weihnachten (n)	ʿīd el melād (m)	عيد الميلاد
Frohe Weihnachten!	ʿīd melād saʿīd!	عيد ميلاد سعيد!
Tannenbaum (m)	ʃagaret el kresmas (f)	شجرة الكريسمس
Feuerwerk (n)	al'āb nāriya (pl)	ألعاب ناريّة
Hochzeit (f)	faraḥ (m)	فرح
Bräutigam (m)	'arīs (m)	عريس
Braut (f)	'arūsa (f)	عروسة
einladen (vt)	'azam	عزم
Einladung (f)	beṭā'et da'wa (f)	بطاقة دعوة
Gast (m)	ḍeyf (m)	ضيف
besuchen (vt)	zār	زار
Gäste empfangen	esta'bal ḍoyūf	إستقبل ضيوف
Geschenk (n)	hediya (f)	هديّة
schenken (vt)	edda	إدّى
Geschenke bekommen	estalam hadāya	إستلم هدايا
Blumenstrauß (m)	bokeyh (f)	بوكيه
Glückwunsch (m)	tahne'a (f)	تهنئة
gratulieren (vi)	hanna	هنّأ
Glückwunschkarte (f)	beṭā'et tahne'a (f)	بطاقة تهنئة

eine Karte abschicken	ba'at beṭā'et tahne'a	بعت بطاقة تهنئة
eine Karte erhalten	estalam beṭā'a tahne'a	استلم بطاقة تهنئة
Trinkspruch (m)	naχab (m)	نخب
anbieten (vt)	ḍayaf	ضيّف
Champagner (m)	ʃambania (f)	شمبانيا
sich amüsieren	estamta'	إستمتع
Fröhlichkeit (f)	bahga (f)	بهجة
Freude (f)	sa'āda (f)	سعادة
Tanz (m)	ra'ṣa (f)	رقصة
tanzen (vi, vt)	ra'aṣ	رقص
Walzer (m)	valles (m)	فالس
Tango (m)	tango (m)	تانجو

153. Bestattungen. Begräbnis

Friedhof (m)	maqbara (f)	مقبرة
Grab (n)	'abr (m)	قبر
Kreuz (n)	ṣalīb (m)	صليب
Grabstein (m)	ḥagar el ma''bara (m)	حجر المقبرة
Zaun (m)	sūr (m)	سور
Kapelle (f)	kenīsa saɣīra (f)	كنيسة صغيرة
Tod (m)	mote (m)	موت
sterben (vi)	māt	مات
Verstorbene (m)	el motawaffy (m)	المتوفّي
Trauer (f)	ḥedād (m)	حداد
begraben (vt)	dafan	دفن
Bestattungsinstitut (n)	maktab mota'ahhed el dafn (m)	مكتب متعهّد الدفن
Begräbnis (n)	ganāza (f)	جنازة
Kranz (m)	eklīl (m)	إكليل
Sarg (m)	tabūt (m)	تابوت
Katafalk (m)	na'ʃ (m)	نعش
Totenhemd (n)	kafan (m)	كفن
Trauerzug (m)	ganāza (f)	جنازة
Urne (f)	garra gana'eziya (f)	جرّة جنائزية
Krematorium (n)	maḥra'et gosas el mawta (f)	محرقة جثث الموتى
Nachruf (m)	segel el wafīāt (m)	سجل الوفيات
weinen (vi)	baka	بكى
schluchzen (vi)	nawwaḥ	نوّح

154. Krieg. Soldaten

Zug (m)	faṣīla (f)	فصيلة
Kompanie (f)	serriya (f)	سريّة

Regiment (n)	foge (m)	فوج
Armee (f)	geyʃ (m)	جيش
Division (f)	fer'a (f)	فرقة
Abteilung (f)	weḥda (f)	وحدة
Heer (n)	geyʃ (m)	جيش
Soldat (m)	gondy (m)	جنّدي
Offizier (m)	ḍābeṭ (m)	ضابط
Soldat (m)	gondy (m)	جنّدي
Feldwebel (m)	raqīb tāny (m)	رقيب تاني
Leutnant (m)	molāzem tāny (m)	ملازم تاني
Hauptmann (m)	naqīb (m)	نقيب
Major (m)	rā'ed (m)	رائد
Oberst (m)	ʿaqīd (m)	عقيد
General (m)	ʒenerāl (m)	جنرال
Matrose (m)	baḥḥār (m)	بحّار
Kapitän (m)	'obṭān (m)	قبطان
Bootsmann (m)	rabbān (m)	ربّان
Artillerist (m)	gondy fe selāḥ el madfaʿiya (m)	جنّدي في سلاح المدفعيّة
Fallschirmjäger (m)	selāḥ el maẓallāt (m)	سلاح المظلّلات
Pilot (m)	ṭayār (m)	طيّار
Steuermann (m)	mallāḥ (m)	ملّاح
Mechaniker (m)	mikanīky (m)	ميكانيكي
Pionier (m)	mohandes ʿaskary (m)	مهندس عسكري
Fallschirmspringer (m)	gondy el baraʃot (m)	جنّدي الباراشوت
Aufklärer (m)	kaʃāfet el esteṭlāʿ (f)	كشّافة الإستطلاع
Scharfschütze (m)	qannāṣ (m)	قنّاص
Patrouille (f)	dawriya (f)	دوريّة
patrouillieren (vi)	'ām be dawriya	قام بدوريّة
Wache (f)	ḥāres (m)	حارس
Krieger (m)	muḥāreb (m)	محارب
Patriot (m)	waṭany (m)	وطني
Held (m)	baṭal (m)	بطل
Heldin (f)	baṭala (f)	بطلة
Verräter (m)	χāyen (m)	خاين
verraten (vt)	χān	خان
Deserteur (m)	hāreb men el gondiya (m)	هارب من الجنديّة
desertieren (vi)	farr men el geyʃ	فرّ من الجيش
Söldner (m)	ma'gūr (m)	مأجور
Rekrut (m)	gondy gedīd (m)	جنّدي جديد
Freiwillige (m)	motaṭawweʿ (m)	متطوّع
Getoetete (m)	'atīl (m)	قتيل
Verwundete (m)	garīḥ (m)	جريح
Kriegsgefangene (m)	asīr ḥarb (m)	أسير حرب

155. Krieg. Militärische Aktionen. Teil 1

Krieg (m)	ḥarb (f)	حرب
Krieg führen	ḥārab	حارب
Bürgerkrieg (m)	ḥarb ahliya (f)	حرب أهليّة
heimtückisch (Adv)	ɣadran	غدراً
Kriegserklärung (f)	e'lān ḥarb (m)	إعلان حرب
erklären (den Krieg ~)	a'lan	أعلن
Aggression (f)	'edwān (m)	عدوان
einfallen (Staat usw.)	hagam	هجم
einfallen (in ein Land ~)	eḥtall	إحتلّ
Invasoren (pl)	moḥtell (m)	محتلّ
Eroberer (m), Sieger (m)	fāteḥ (m)	فاتح
Verteidigung (f)	defā' (m)	دفاع
verteidigen (vt)	dāfa'	دافع
sich verteidigen	dāfa' 'an ...	دافع عن ...
Feind (m)	'adeww (m)	عدوّ
Gegner (m)	χeṣm (m)	خصم
Feind-	'adeww	عدوّ
Strategie (f)	estrateʒiya (f)	إستراتيجيّة
Taktik (f)	taktīk (m)	تكتيك
Befehl (m)	amr (m)	أمر
Anordnung (f)	amr (m)	أمر
befehlen (vt)	amar	أمر
Auftrag (m)	mohemma (f)	مهمّة
geheim (Adj)	serry	سرّي
Schlacht (f)	ma'raka (f)	معركة
Kampf (m)	'etāl (m)	قتال
Angriff (m)	hogūm (m)	هجوم
Sturm (m)	enqeḍāḍ (m)	إنقضاض
stürmen (vt)	enqaḍḍ	إنقضّ
Belagerung (f)	ḥeṣār (m)	حصار
Angriff (m)	hogūm (m)	هجوم
angreifen (vt)	hagam	هجم
Rückzug (m)	enseḥāb (m)	إنسحاب
sich zurückziehen	ensaḥab	إنسحب
Einkesselung (f)	eḥāṭa (f)	إحاطة
einkesseln (vt)	aḥāṭ	أحاط
Bombenangriff (m)	'aṣf (m)	قصف
eine Bombe abwerfen	asqaṭ qonbola	أسقط قنبلة
bombardieren (vt)	'aṣaf	قصف
Explosion (f)	enfegār (m)	إنفجار
Schuss (m)	ṭal'a (f)	طلقة

schießen (vt)	aṭlaq el nār	أطلق النار
Schießerei (f)	eṭlāq nār (m)	إطلاق نار
zielen auf ...	ṣawwab ʿala ...	... صوّب على
richten (die Waffe)	ṣawwab	صوّب
treffen (ins Schwarze ~)	aṣāb el hadaf	أصاب الهدف
versenken (vt)	aɣraʾ	أغرق
Loch (im Schiffsrumpf)	soqb (m)	ثقب
versinken (Schiff)	ɣereʾ	غرق
Front (f)	gabha (f)	جبهة
Evakuierung (f)	eχlāʾ (m)	إخلاء
evakuieren (vt)	aχla	أخلى
Schützengraben (m)	χondoq (m)	خندق
Stacheldraht (m)	aslāk ʃāʾeka (pl)	أسلاك شائكة
Sperre (z.B. Panzersperre)	ḥāgez (m)	حاجز
Wachtturm (m)	borg moraʾba (m)	برج مراقبة
Lazarett (n)	mostaʃfa ʿaskary (m)	مستشفى عسكري
verwunden (vt)	garaḥ	جرح
Wunde (f)	garḥ (m)	جرح
Verwundete (m)	garīḥ (m)	جريح
verletzt sein	oṣīb bel garḥ	أصيب بالجرح
schwer (-e Verletzung)	χaṭīr	خطير

156. Waffen

Waffe (f)	asleḥa (pl)	أسلحة
Schusswaffe (f)	asleḥa nāriya (pl)	أسلحة ناريّة
blanke Waffe (f)	asleḥa bayḍāʾ (pl)	أسلحة بيضاء
chemischen Waffen (pl)	asleḥa kemawiya (pl)	أسلحة كيماويّة
Kern-, Atom-	nawawy	نووي
Kernwaffe (f)	asleḥa nawawiya (pl)	أسلحة نوويّة
Bombe (f)	qonbela (f)	قنبلة
Atombombe (f)	qonbela nawawiya (f)	قنبلة نوويّة
Pistole (f)	mosaddas (m)	مسدّس
Gewehr (n)	bondoqiya (f)	بندقيّة
Maschinenpistole (f)	mosaddas rasʃāʃ (m)	مسدّس رشّاش
Maschinengewehr (n)	rasʃāʃ (m)	رشّاش
Mündung (f)	fawha (f)	فوهة
Lauf (Gewehr-)	anbūba (f)	أنبوبة
Kaliber (n)	ʿeyār (m)	عيار
Abzug (m)	zanād (m)	زناد
Visier (n)	moṣawweb (m)	مصوّب
Magazin (n)	maχzan (m)	مخزن
Kolben (m)	ʿaqab el bondoʾiya (m)	عقب البندقيّة
Handgranate (f)	qonbela yadawiya (f)	قنبلة يدويّة

Sprengstoff (m)	mawād motafaggera (pl)	مواد متفجّرة
Kugel (f)	roṣāṣa (f)	رصاصة
Patrone (f)	xarṭūʃa (f)	خرطوشة
Ladung (f)	ḥaʃwa (f)	حشوة
Munition (f)	zaχīra (f)	ذخيرة
Bomber (m)	qazefet qanābel (f)	قاذفة قنابل
Kampfflugzeug (n)	ṭayāra muqātela (f)	طيّارة مقاتلة
Hubschrauber (m)	heliokobter (m)	هليكوبتر
Flugabwehrkanone (f)	madfaʿ moḍād lel ṭaʾerāṭ (m)	مدفع مضاد للطائرات
Panzer (m)	dabbāba (f)	دبّابة
Panzerkanone (f)	madfaʿ el dabbāba (m)	مدفع الدبّابة
Artillerie (f)	madfaʿiya (f)	مدفعيّة
Kanone (f)	madfaʿ (m)	مدفع
richten (die Waffe)	ṣawwab	صوّب
Geschoß (n)	qazīfa (f)	قذيفة
Wurfgranate (f)	qonbela hawn (f)	قنبلة هاون
Granatwerfer (m)	hawn (m)	هاون
Splitter (m)	ʃazya (f)	شظية
U-Boot (n)	ɣawwāṣa (f)	غوّاصة
Torpedo (m)	ṭorbīd (m)	طوربيد
Rakete (f)	ṣarūχ (m)	صاروخ
laden (Gewehr)	ʿammar	عمّر
schießen (vi)	ḍarab bel nār	ضرب بالنار
zielen auf ...	ṣawwab ʿala ...	صوّب على ...
Bajonett (n)	ḥerba (f)	حربة
Degen (m)	seyf zu ḥaddeyn (m)	سيف ذو حدّين
Säbel (m)	seyf monḥany (m)	سيف منحني
Speer (m)	remḥ (m)	رمح
Bogen (m)	qose (m)	قوس
Pfeil (m)	sahm (m)	سهم
Muskete (f)	musket (m)	مسكيت
Armbrust (f)	qose mostaʿraḍ (m)	قوس مستعرض

157. Menschen der Antike

vorzeitlich	bedāʾy	بدائي
prähistorisch	ma qabl el tarīχ	ما قبل التاريخ
alt (antik)	ʾadīm	قديم
Steinzeit (f)	el ʿaṣr el ḥagary (m)	العصر الحجري
Bronzezeit (f)	el ʿaṣr el bronzy (m)	العصر البرونزي
Eiszeit (f)	el ʿaṣr el galīdy (m)	العصر الجليدي
Stamm (m)	qabīla (f)	قبيلة
Kannibale (m)	ʾākel loḥūm el baʃar (m)	آكل لحوم البشر
Jäger (m)	ṣayād (m)	صيّاد
jagen (vi)	eṣṭād	إصطاد

Mammut (n)	mamūθ (m)	ماموث
Höhle (f)	kahf (m)	كهف
Feuer (n)	nār (f)	نار
Lagerfeuer (n)	nār moχayem (m)	نار مخيّم
Höhlenmalerei (f)	rasm fel kahf (m)	رسم في الكهف
Werkzeug (n)	adah (f)	أداة
Speer (m)	remḥ (m)	رمح
Steinbeil (n), Steinaxt (f)	fa's ḥagary (m)	فأس حجري
Krieg führen	ḥārab	حارب
domestizieren (vt)	esta'nas	استئنس
Idol (n)	ṣanam (m)	صنم
anbeten (vt)	'abad	عبد
Aberglaube (m)	χorāfa (f)	خرافة
Brauch (m), Ritus (m)	mansak (m)	منسك
Evolution (f)	taṭṭawwor (m)	تطوّر
Entwicklung (f)	nomoww (m)	نموّ
Verschwinden (n)	enqerāḍ (m)	إنقراض
sich anpassen	takayaf (ma')	تكيّف (مع)
Archäologie (f)	'elm el 'āsār (m)	علم الآثار
Archäologe (m)	'ālem āsār (m)	عالم آثار
archäologisch	asary	أثري
Ausgrabungsstätte (f)	mawqe' ḥafr (m)	موقع حفر
Ausgrabungen (pl)	tanqīb (m)	تنقيب
Fund (m)	ekteʃāf (m)	إكتشاف
Fragment (n)	'eṭ'a (f)	قطعة

158. Mittelalter

Volk (n)	ʃa'b (m)	شعب
Völker (pl)	ʃo'ūb (pl)	شعوب
Stamm (m)	qabīla (f)	قبيلة
Stämme (pl)	qabā'el (pl)	قبائل
Barbaren (pl)	el barabra (pl)	البرابرة
Gallier (pl)	el ɣaliyūn (pl)	الغاليّون
Goten (pl)	el qūṭiyūn (pl)	القوطيون
Slawen (pl)	el selāf (pl)	السلاف
Wikinger (pl)	el viking (pl)	الفايكينج
Römer (pl)	el romān (pl)	الرومان
römisch	romāny	روماني
Byzantiner (pl)	bizanṭiyūn (pl)	بيزنطيون
Byzanz (n)	bīzanṭa (f)	بيزنطة
byzantinisch	bīzanṭy	بيزنطي
Kaiser (m)	embraṭore (m)	إمبراطور
Häuptling (m)	za'īm (m)	زعيم
mächtig (Kaiser usw.)	gabbār	جبّار

König (m)	malek (m)	ملك
Herrscher (Monarch)	ḥākem (m)	حاكم
Ritter (m)	fāres (m)	فارس
Feudalherr (m)	eqṭā'y (m)	إقطاعي
feudal, Feudal-	eqṭā'y	إقطاعي
Vasall (m)	ḥākem tābe' (m)	حاكم تابع
Herzog (m)	dū' (m)	دوق
Graf (m)	earl (m)	ايرل
Baron (m)	barūn (m)	بارون
Bischof (m)	asqof (m)	أسقف
Rüstung (f)	der' (m)	درع
Schild (m)	der' (m)	درع
Schwert (n)	seyf (m)	سيف
Visier (n)	ḥaffa amamiya lel χoza (f)	حافة أماميّة للخوذة
Panzerhemd (n)	der' el zard (m)	درع الزرد
Kreuzzug (m)	ḥamla ṣalībiya (f)	حملة صليبيّة
Kreuzritter (m)	ṣalīby (m)	صليبي
Territorium (n)	arḍ (f)	أرض
einfallen (vt)	hagam	هجم
erobern (vt)	fataḥ	فتح
besetzen (Land usw.)	eḥtall	إحتلّ
Belagerung (f)	ḥeṣār (m)	حصار
belagert	moḥāṣar	محاصر
belagern (vt)	ḥāṣar	حاصر
Inquisition (f)	maḥākem el taftīʃ (pl)	محاكم التفتيش
Inquisitor (m)	mofatteʃ (m)	مفتّش
Folter (f)	ta'zīb (m)	تعذيب
grausam (-e Folter)	waḥʃy	وحشي
Häretiker (m)	moharṭeq (m)	مهرطق
Häresie (f)	harṭa'a (f)	هرطقة
Seefahrt (f)	el safar bel baḥr (m)	السفر بالبحر
Seeräuber (m)	'orṣān (m)	قرصان
Seeräuberei (f)	'arṣana (f)	قرصنة
Enterung (f)	mohagmet safīna (f)	مهاجمة سفينة
Beute (f)	ɣanīma (f)	غنيمة
Schätze (pl)	konūz (pl)	كنوز
Entdeckung (f)	ekteʃāf (m)	إكتشاف
entdecken (vt)	ektaʃaf	إكتشف
Expedition (f)	be'sa (f)	بعثة
Musketier (m)	fāres (m)	فارس
Kardinal (m)	kardinal (m)	كاردينال
Heraldik (f)	ʃe'ārāt el nabāla (pl)	شعارات النبالة
heraldisch	χāṣṣ be ʃe'arāt el nebāla	خاصّ بشعارات النبالة

159. Führungspersonen. Chef. Behörden

König (m)	malek (m)	ملك
Königin (f)	maleka (f)	ملكة
königlich	malaky	ملكي
Königreich (n)	mamlaka (f)	مملكة
Prinz (m)	amīr (m)	أمير
Prinzessin (f)	amīra (f)	أميرة
Präsident (m)	ra'īs (m)	رئيس
Vizepräsident (m)	nā'eb el ra'īs (m)	نائب الرئيس
Senator (m)	'oḍw magles el ʃoyūχ (m)	عضو مجلس الشيوخ
Monarch (m)	'āhel (m)	عاهل
Herrscher (m)	ḥākem (m)	حاكم
Diktator (m)	dektatore (m)	ديكتاتور
Tyrann (m)	ṭāɣeya (f)	طاغية
Magnat (m)	ra'smāly kebīr (m)	رأسمالي كبير
Direktor (m)	modīr (m)	مدير
Chef (m)	ra'īs (m)	رئيس
Leiter (einer Abteilung)	modīr (m)	مدير
Boss (m)	ra'īs (m)	رئيس
Eigentümer (m)	ṣāḥeb (m)	صاحب
Führer (m)	za'īm (m)	زعيم
Leiter (Delegations-)	ra'īs (m)	رئيس
Behörden (pl)	solṭāt (pl)	سلطات
Vorgesetzten (pl)	ro'asā' (pl)	رؤساء
Gouverneur (m)	muḥāfeẓ (m)	محافظ
Konsul (m)	qonṣol (m)	قنصل
Diplomat (m)	deblomāsy (m)	دبلوماسي
Bürgermeister (m)	ra'īs el baladiya (m)	رئيس البلديّة
Sheriff (m)	ʃerīf (m)	شريف
Kaiser (m)	embraṭore (m)	إمبراطور
Zar (m)	qayṣar (m)	قيصر
Pharao (m)	fer'one (m)	فرعون
Khan (m)	χān (m)	خان

160. Gesetzesverstoß Verbrecher. Teil 1

Bandit (m)	qāṭe' ṭarī' (m)	قاطع طريق
Verbrechen (n)	garīma (f)	جريمة
Verbrecher (m)	mogrem (m)	مجرم
Dieb (m)	sāre' (m)	سارق
stehlen (vt)	sara'	سرق
Diebstahl (m), Stehlen (n)	ser'a (f)	سرقة
kidnappen (vt)	χaṭaf	خطف
Kidnapping (n)	χaṭf (m)	خطف

Kidnapper (m)	χāṭef (m)	خاطف
Lösegeld (n)	fedya (f)	فدية
Lösegeld verlangen	ṭalab fedya	طلب فدية
rauben (vt)	nahab	نهب
Raub (m)	nahb (m)	نهب
Räuber (m)	nahhāb (m)	نهّاب
erpressen (vt)	balṭag	بلطج
Erpresser (m)	balṭagy (m)	بلطجي
Erpressung (f)	balṭaga (f)	بلطجة
morden (vt)	'atal	قتل
Mord (m)	'atl (m)	قتل
Mörder (m)	qātel (m)	قاتل
Schuss (m)	ṭal'et nār (f)	طلقة نار
schießen (vt)	aṭlaq el nār	أطلق النار
erschießen (vt)	'atal bel roṣāṣ	قتل بالرصاص
feuern (vi)	ḍarab bel nār	ضرب بالنار
Schießerei (f)	ḍarb nār (m)	ضرب نار
Vorfall (m)	ḥādes (m)	حادث
Schlägerei (f)	χenā'a (f)	خناقة
Hilfe!	sā'idni	ساعدني!
Opfer (n)	ḍaḥiya (f)	ضحيّة
beschädigen (vt)	χarrab	خرّب
Schaden (m)	χesāra (f)	خسارة
Leiche (f)	gossa (f)	جثّة
schwer (-es Verbrechen)	χaṭīra	خطيرة
angreifen (vt)	hagam	هجم
schlagen (vt)	ḍarab	ضرب
verprügeln (vt)	ḍarab	ضرب
wegnehmen (vt)	salab	سلب
erstechen (vt)	ṭa'an ḥatta el mote	طعن حتّى الموت
verstümmeln (vt)	ʃawwah	شوّه
verwunden (vt)	garaḥ	جرح
Erpressung (f)	ebtezāz (m)	إبتزاز
erpressen (vt)	ebtazz	إبتزّ
Erpresser (m)	mobtazz (m)	مبتزّ
Schutzgelderpressung (f)	balṭaga (f)	بلطجة
Erpresser (Racketeer)	mobtazz (m)	مبتزّ
Gangster (m)	ragol 'eṣāba (m)	رجل عصابة
Mafia (f)	mafia (f)	مافيا
Taschendieb (m)	nasʃāl (m)	نشّال
Einbrecher (m)	leṣṣ beyūt (m)	لص بيوت
Schmuggel (m)	tahrīb (m)	تهريب
Schmuggler (m)	moharreb (m)	مهرّب
Fälschung (f)	tazwīr (m)	تزوير
fälschen (vt)	zawwar	زوّر
gefälscht	mozawwara	مزوّرة

161. Gesetzesbruch. Verbrecher. Teil 2

Vergewaltigung (f)	eɣteṣāb (m)	إغتصاب
vergewaltigen (vt)	eɣtaṣab	إغتصب
Gewalttäter (m)	moɣtaṣeb (m)	مغتصب
Besessene (m)	mahwūs (m)	مهووس
Prostituierte (f)	mommos (f)	مومّس
Prostitution (f)	daʿāra (f)	دعارة
Zuhälter (m)	qawwād (m)	قوّاد
Drogenabhängiger (m)	modmen moχaddarāt (m)	مدمن مخدّرات
Drogenhändler (m)	tāger moχaddarāt (m)	تاجر مخدّرات
sprengen (vt)	faggar	فجّر
Explosion (f)	enfegār (m)	إنفجار
in Brand stecken	aʃʿal el nār	أشعل النار
Brandstifter (m)	moʃʿel ḥarīq ʿan ʿamd (m)	مشعل حريق عن عمد
Terrorismus (m)	erhāb (m)	إرهاب
Terrorist (m)	erhāby (m)	إرهابي
Geisel (m, f)	rahīna (m)	رهينة
betrügen (vt)	eḥtāl	إحتال
Betrug (m)	eḥteyāl (m)	إحتيال
Betrüger (m)	moḥtāl (m)	محتال
bestechen (vt)	raʃa	رشا
Bestechlichkeit (f)	erteʃāʾ (m)	إرتشاء
Bestechungsgeld (n)	raʃwa (f)	رشوة
Gift (n)	semm (m)	سمّ
vergiften (vt)	sammem	سمّم
sich vergiften	sammem nafsoh	سمّم نفسه
Selbstmord (m)	enteḥār (m)	إنتحار
Selbstmörder (m)	montaḥer (m)	منتحر
drohen (vi)	hadded	هدّد
Drohung (f)	tahdīd (m)	تهديد
versuchen (vt)	ḥāwel eɣteyāl	حاول إغتيال
Attentat (n)	moḥawlet eɣteyāl (f)	محاولة إغتيال
stehlen (Auto ~)	saraʾ	سرق
entführen (Flugzeug ~)	eχtaṭaf	إختطف
Rache (f)	enteqām (m)	إنتقام
sich rächen	entaqam	إنتقم
foltern (vt)	ʿazzeb	عذّب
Folter (f)	taʿzīb (m)	تعذيب
quälen (vt)	ʿazzeb	عذّب
Seeräuber (m)	ʾorṣān (m)	قرصان
Rowdy (m)	wabaʃ (m)	وبش

bewaffnet	mosallaḥ	مسلّح
Gewalt (f)	ʿonf (m)	عنف
ungesetzlich	meʃ qanūniy	مش قانونيّ
Spionage (f)	tagassas (m)	تجسّس
spionieren (vi)	tagassas	تجسّس

162. Polizei Recht. Teil 1

Justiz (f)	qaḍā' (m)	قضاء
Gericht (n)	maḥkama (f)	محكمة
Richter (m)	qāḍy (m)	قاضي
Geschworenen (pl)	moḥallafīn (pl)	محلّفين
Geschworenengericht (n)	qaḍāʾ el muḥallafīn (m)	قضاء المحلّفين
richten (vt)	ḥakam	حكم
Rechtsanwalt (m)	muḥāmy (m)	محامي
Angeklagte (m)	moddaʿy ʿaleyh (m)	مدّعي عليه
Anklagebank (f)	ʾafaṣ el ettehām (m)	قفص الإتّهام
Anklage (f)	ettehām (m)	إتّهام
Beschuldigte (m)	mottaham (m)	متّهم
Urteil (n)	ḥokm (m)	حكم
verurteilen (vt)	ḥakam	حكم
Schuldige (m)	gāny (m)	جاني
bestrafen (vt)	ʿāqab	عاقب
Strafe (f)	ʿeqāb (m)	عقاب
Geldstrafe (f)	ɣarāma (f)	غرامة
lebenslange Haft (f)	segn mada el ḥayah (m)	سجن مدى الحياة
Todesstrafe (f)	ʿoqūbet ʾeʿdām (f)	عقوبة إعدام
elektrischer Stuhl (m)	el korsy el kaharabāʾy (m)	الكرسي الكهربائي
Galgen (m)	maʃnaʾa (f)	مشنقة
hinrichten (vt)	aʿdam	أعدم
Hinrichtung (f)	eʿdām (m)	إعدام
Gefängnis (n)	segn (m)	سجن
Zelle (f)	zenzāna (f)	زنزانة
Eskorte (f)	ḥerāsa (f)	حراسة
Gefängniswärter (m)	ḥāres segn (m)	حارس سجن
Gefangene (m)	sagīn (m)	سجين
Handschellen (pl)	kalabʃāt (pl)	كلابشات
Handschellen anlegen	kalbeʃ	كلبش
Ausbruch (Flucht)	horūb men el segn (m)	هروب من السجن
ausbrechen (vi)	hereb	هرب
verschwinden (vi)	extafa	إختفى
aus ... entlassen	axla sabīl	أخلى سبيل

Amnestie (f)	ʻafw ʻām (m)	عفو عام
Polizei (f)	ʃorṭa (f)	شرطة
Polizist (m)	ʃorṭy (m)	شرطي
Polizeiwache (f)	qesm ʃorṭa (m)	قسم شرطة
Gummiknüppel (m)	ʻaṣāya maṭṭāṭiya (f)	عصاية مطّاطية
Sprachrohr (n)	būʼ (m)	بوق
Streifenwagen (m)	ʻarabiyet dawrīāt (f)	عربيّة دوريات
Sirene (f)	sarīna (f)	سرينة
die Sirene einschalten	wallaʻ el sarīna	ولّع السرينة
Sirenengeheul (n)	ṣote sarīna (m)	صوت سرينة
Tatort (m)	masraḥ el garīma (m)	مسرح الجريمة
Zeuge (m)	ʃāhed (m)	شاهد
Freiheit (f)	ḥorriya (f)	حرّية
Komplize (m)	ʃerīk fel garīma (m)	شريك في الجريمة
verschwinden (vi)	hereb	هرب
Spur (f)	asar (m)	أثر

163. Polizei. Recht. Teil 2

Fahndung (f)	baḥs (m)	بحث
suchen (vt)	dawwar ʻala	دوّر على
Verdacht (m)	ʃobha (f)	شبهة
verdächtig (Adj)	maʃbūh	مشبوه
anhalten (Polizei)	awqaf	أوقّف
verhaften (vt)	eʻtaqal	إعتقل
Fall (m), Klage (f)	ʼaḍiya (f)	قضيّة
Untersuchung (f)	taḥʼīʼ (m)	تحقيق
Detektiv (m)	moḥaqqeq (m)	محقّق
Ermittlungsrichter (m)	mofatteʃ (m)	مفتّش
Version (f)	rewāya (f)	رواية
Motiv (n)	dāfeʻ (m)	دافع
Verhör (n)	estegwāb (m)	إستجواب
verhören (vt)	estagweb	إستجوّب
vernehmen (vt)	estanṭaʼ	إستنطق
Kontrolle (Personen-)	faḥṣ (m)	فحص
Razzia (f)	gamʻ (m)	جمع
Durchsuchung (f)	taftīʃ (m)	تفتيش
Verfolgung (f)	moṭarda (f)	مطاردة
nachjagen (vi)	ṭārad	طارد
verfolgen (vt)	tatabbaʻ	تتبّع
Verhaftung (f)	eʻteqāl (m)	إعتقال
verhaften (vt)	eʻtaqal	اعتقل
fangen (vt)	ʼabaḍ ʻala	قبض على
Festnahme (f)	ʼabḍ (m)	قبض
Dokument (n)	wasīqa (f)	وثيقة
Beweis (m)	dalīl (m)	دليل
beweisen (vt)	asbat	أثبت

Fußspur (f)	baṣma (f)	بصمة
Fingerabdrücke (pl)	baṣamāt el aṣābeʿ (pl)	بصمات الأصابع
Beweisstück (n)	ʾeṭʿa men el adella (f)	قطعة من الأدلّة
Alibi (n)	ḥegget ɣeyāb (f)	حجّة غياب
unschuldig	barīʾ	بريء
Ungerechtigkeit (f)	ẓolm (m)	ظلم
ungerecht	meʃ ʿādel	مش عادل
Kriminal-	mogrem	مجرم
beschlagnahmen (vt)	ṣādar	صادر
Droge (f)	moχaddarāt (pl)	مخدّرات
Waffe (f)	selāḥ (m)	سلاح
entwaffnen (vt)	garrad men el selāḥ	جرّد من السلاح
befehlen (vt)	amar	أمر
verschwinden (vi)	eχtafa	إختفى
Gesetz (n)	qanūn (m)	قانون
gesetzlich	qanūny	قانوني
ungesetzlich	meʃ qanūny	مش قانوني
Verantwortlichkeit (f)	masʾoliya (f)	مسؤوليّة
verantwortlich	masʾūl (m)	مسؤول

NATUR

Die Erde. Teil 1

164. Weltall

Kosmos (m)	faḍā' (m)	فضاء
kosmisch, Raum-	faḍā'y	فضائي
Weltraum (m)	el faḍā' el χāregy (m)	الفضاء الخارجي
All (n)	'ālam (m)	عالم
Universum (n)	el kōn (m)	الكون
Galaxie (f)	el magarra (f)	المجرّة
Stern (m)	negm (m)	نجم
Gestirn (n)	borg (m)	برج
Planet (m)	kawwkab (m)	كوكب
Satellit (m)	'amar ṣenā'y (m)	قمر صناعي
Meteorit (m)	nayzek (m)	نيّزك
Komet (m)	mozannab (m)	مذنّب
Asteroid (m)	kowaykeb (m)	كويكب
Umlaufbahn (f)	madār (m)	مدار
sich drehen	dār	دار
Atmosphäre (f)	el ɣelāf el gawwy (m)	الغلاف الجوّي
Sonne (f)	el ʃams (f)	الشمس
Sonnensystem (n)	el magmū'a el ʃamsiya (f)	المجموعة الشمسيّة
Sonnenfinsternis (f)	kosūf el ʃams (m)	كسوف الشمس
Erde (f)	el arḍ (f)	الأرض
Mond (m)	el 'amar (m)	القمر
Mars (m)	el marrīχ (m)	المرّيخ
Venus (f)	el zahra (f)	الزهرة
Jupiter (m)	el moʃtary (m)	المشتري
Saturn (m)	zoḥḥol (m)	زحل
Merkur (m)	'aṭāred (m)	عطارد
Uran (m)	uranus (m)	اورانوس
Neptun (m)	nibtūn (m)	نبتون
Pluto (m)	bluto (m)	بلوتو
Milchstraße (f)	darb el tebbāna (m)	درب التبّانة
Der Große Bär	el dobb el akbar (m)	الدب الأكبر
Polarstern (m)	negm el 'oṭb (m)	نجم القطب
Marsbewohner (m)	sāken el marrīχ (m)	ساكن المرّيخ
Außerirdischer (m)	faḍā'y (m)	فضائي

außerirdisches Wesen (n)	kā'en faḍā'y (m)	كائن فضائي
fliegende Untertasse (f)	ṭaba' ṭā'er (m)	طبق طائر
Raumschiff (n)	markaba faḍa'iya (f)	مركبة فضائية
Raumstation (f)	maḥaṭṭet faḍā' (f)	محطّة فضاء
Raketenstart (m)	enṭelāq (m)	إنطلاق
Triebwerk (n)	motore (m)	موتور
Düse (f)	manfaθ (m)	منفث
Treibstoff (m)	woqūd (m)	وقود
Kabine (f)	kabīna (f)	كابينة
Antenne (f)	hawā'y (m)	هوائي
Bullauge (n)	kowwa mostadīra (f)	كوّة مستديرة
Sonnenbatterie (f)	lawḥa ʃamsiya (f)	لوحة شمسيّة
Raumanzug (m)	badlet el faḍā' (f)	بدلة الفضاء
Schwerelosigkeit (f)	en'edām wazn (m)	إنعدام الوزن
Sauerstoff (m)	oksiʒīn (m)	أوكسجين
Ankopplung (f)	rasw (m)	رسو
koppeln (vi)	rasa	رسى
Observatorium (n)	marṣad (m)	مرصد
Teleskop (n)	teleskop (m)	تلسكوب
beobachten (vt)	rāqab	راقب
erforschen (vt)	estakʃef	إستكشف

165. Die Erde

Erde (f)	el arḍ (f)	الأرض
Erdkugel (f)	el kora el arḍiya (f)	الكرة الأرضيّة
Planet (m)	kawwkab (m)	كوكب
Atmosphäre (f)	el ɣelāf el gawwy (m)	الغلاف الجوّي
Geographie (f)	goɣrafia (f)	جغرافيا
Natur (f)	ṭabee'a (f)	طبيعة
Globus (m)	namūzag lel kora el arḍiya (m)	نموذج للكرة الأرضيّة
Landkarte (f)	χarīṭa (f)	خريطة
Atlas (m)	aṭlas (m)	أطلس
Europa (n)	orobba (f)	أوروبّا
Asien (n)	asya (f)	آسيا
Afrika (n)	afreqia (f)	أفريقيا
Australien (n)	ostorālya (f)	أستراليا
Amerika (n)	amrīka (f)	أمريكا
Nordamerika (n)	amrīka el ʃamaliya (f)	أمريكا الشماليّة
Südamerika (n)	amrīka el ganūbiya (f)	أمريكا الجنوبيّة
Antarktis (f)	el qoṭb el ganūby (m)	القطب الجنوبي
Arktis (f)	ol qoṭb el ʃamāly (m)	القطب الشمالي

166. Himmelsrichtungen

Norden (m)	ʃemāl (m)	شمال
nach Norden	lel ʃamāl	للشمال
im Norden	fel ʃamāl	في الشمال
nördlich	ʃamāly	شمالي
Süden (m)	ganūb (m)	جنوب
nach Süden	lel ganūb	للجنوب
im Süden	fel ganūb	في الجنوب
südlich	ganūby	جنوبي
Westen (m)	ɣarb (m)	غرب
nach Westen	lel ɣarb	للغرب
im Westen	fel ɣarb	في الغرب
westlich, West-	ɣarby	غربي
Osten (m)	ʃar' (m)	شرق
nach Osten	lel ʃar'	للشرق
im Osten	fel ʃar'	في الشرق
östlich	ʃar'y	شرقي

167. Meer. Ozean

Meer (n), See (f)	baḥr (m)	بحر
Ozean (m)	moḥīṭ (m)	محيط
Golf (m)	χalīg (m)	خليج
Meerenge (f)	maḍīq (m)	مضيق
Festland (n)	barr (m)	برّ
Kontinent (m)	qārra (f)	قارّة
Insel (f)	gezīra (f)	جزيرة
Halbinsel (f)	ʃebh gezeyra (f)	شبه جزيرة
Archipel (m)	magmū'et gozor (f)	مجموعة جزر
Bucht (f)	χalīg (m)	خليج
Hafen (m)	minā' (m)	ميناء
Lagune (f)	lagūn (m)	لاجون
Kap (n)	ra's (m)	رأس
Atoll (n)	gezīra morganiya estwa'iya (f)	جزيزة مرجانية إستوائيّة
Riff (n)	ʃo'āb (pl)	شعاب
Koralle (f)	morgān (m)	مرجان
Korallenriff (n)	ʃo'āb morganiya (pl)	شعاب مرجانية
tief (Adj)	'amīq	عميق
Tiefe (f)	'omq (m)	عمق
Abgrund (m)	el 'omq el saḥīq (m)	العمق السحيق
Graben (m)	χondoq (m)	خندق
Strom (m)	tayār (m)	تيّار
umspülen (vt)	ḥāṭ	حاط
Ufer (n)	sāḥel (m)	ساحل

Küste (f)	sāḥel (m)	ساحل
Flut (f)	tayār (m)	تيّار
Ebbe (f)	gozor (m)	جزر
Sandbank (f)	meyāh ḍaḥla (f)	مياه ضحلة
Boden (m)	qāʿ (m)	قاع
Welle (f)	mouga (f)	موجة
Wellenkamm (m)	qemma (f)	قمّة
Schaum (m)	zabad el baḥr (m)	زبد البحر
Sturm (m)	ʿāṣefa (f)	عاصفة
Orkan (m)	eʿṣār (m)	إعصار
Tsunami (m)	tsunāmy (m)	تسونامي
Windstille (f)	hodūʾ (m)	هدوء
ruhig	hady	هادئ
Pol (m)	ʾoṭb (m)	قطب
Polar-	ʾoṭby	قطبي
Breite (f)	ʿarḍ (m)	عرض
Länge (f)	χaṭṭ ṭūl (m)	خطّ طول
Breitenkreis (m)	motawāz (m)	متواز
Äquator (m)	χaṭṭ el estewāʾ (m)	خطّ الإستواء
Himmel (m)	samāʾ (f)	سماء
Horizont (m)	ofoq (m)	أفق
Luft (f)	hawāʾ (m)	هواء
Leuchtturm (m)	manāra (f)	منارة
tauchen (vi)	ɣāṣ	غاص
versinken (vi)	ɣereʾ	غرق
Schätze (pl)	konūz (pl)	كنوز

168. Berge

Berg (m)	gabal (m)	جبل
Gebirgskette (f)	selselet gebāl (f)	سلسلة جبال
Bergrücken (m)	notūʾ el gabal (m)	نتوء الجبل
Gipfel (m)	qemma (f)	قمّة
Spitze (f)	qemma (f)	قمّة
Bergfuß (m)	asfal (m)	أسفل
Abhang (m)	monḥadar (m)	منحدر
Vulkan (m)	borkān (m)	بركان
tätiger Vulkan (m)	borkān naʃeṭ (m)	بركان نشط
schlafender Vulkan (m)	borkān χāmed (m)	بركان خامد
Ausbruch (m)	sawarān (m)	ثوّران
Krater (m)	fawhet el borkān (f)	فوهة البركان
Magma (n)	magma (f)	ماجما
Lava (f)	ḥomam borkāniya (pl)	حمم بركانية
glühend heiß (-e Lava)	monṣahera	منصهرة
Cañon (m)	wādy ḍayeʾ (m)	وادي ضيّق

Schlucht (f)	mamarr ḍaye' (m)	ممرّ ضيّق
Spalte (f)	ʃa'' (m)	شقّ
Abgrund (m) (steiler ~)	hāwya (f)	هاوية
Gebirgspass (m)	mamarr gabaly (m)	ممرّ جبلي
Plateau (n)	haḍaba (f)	هضبة
Fels (m)	garf (m)	جرف
Hügel (m)	tall (m)	تلّ
Gletscher (m)	nahr galīdy (m)	نهر جليدي
Wasserfall (m)	ʃallāl (m)	شلّال
Geiser (m)	nab' maya ḥāra (m)	نبع ميّة حارة
See (m)	boḥeyra (f)	بحيرة
Ebene (f)	sahl (m)	سهل
Landschaft (f)	manzar ṭabee'y (m)	منظر طبيعي
Echo (n)	ṣada (m)	صدى
Bergsteiger (m)	motasalleq el gebāl (m)	متسلّق الجبال
Kletterer (m)	motasalleq ṣoχūr (m)	متسلّق صخور
bezwingen (vt)	taɣallab 'ala	تغلّب على
Aufstieg (m)	tasalloq (m)	تسلّق

169. Flüsse

Fluss (m)	nahr (m)	نهر
Quelle (f)	'eyn (m)	عين
Flussbett (n)	magra el nahr (m)	مجرى النهر
Stromgebiet (n)	ḥoḍe (m)	حوض
einmünden in ...	ṣabb fe ...	صبّ في...
Nebenfluss (m)	rāfed (m)	رافد
Ufer (n)	ḍaffa (f)	ضفّة
Strom (m)	tayār (m)	تيّار
stromabwärts	ma' ettigāh magra el nahr	مع إتّجاه مجرى النهر
stromaufwärts	ḍed el tayār	ضد التيار
Überschwemmung (f)	ɣamr (m)	غمر
Hochwasser (n)	fayaḍān (m)	فيضان
aus den Ufern treten	fāḍ	فاض
überfluten (vt)	ɣamar	غمر
Sandbank (f)	meyāh ḍaḥla (f)	مياه ضحلة
Stromschnelle (f)	monḥadar el nahr (m)	منحدر النهر
Damm (m)	sadd (m)	سدّ
Kanal (m)	qanah (f)	قناة
Stausee (m)	χazzān mā'y (m)	خزّان مائي
Schleuse (f)	bawwāba qanṭara (f)	بوّابة قنطرة
Gewässer (n)	berka (f)	بركة
Sumpf (m), Moor (n)	mostanqa' (m)	مستنقع
Marsch (f)	mostanqa' (m)	مستنقع

Strudel (m)	dawwāma (f)	دوّامة
Bach (m)	gadwal (m)	جدوّل
Trink- (z.B. Trinkwasser)	el ʃorb	الشرب
Süß- (Wasser)	ʻazb	عذب
Eis (n)	galīd (m)	جليد
zufrieren (vi)	etgammed	إتجمّد

170. Wald

Wald (m)	ɣāba (f)	غابة
Wald-	ɣāba	غابة
Dickicht (n)	ɣāba kasīfa (f)	غابة كثيفة
Gehölz (n)	bostān (m)	بستان
Lichtung (f)	ezālet el ɣābāt (f)	إزالة الغابات
Dickicht (n)	agama (f)	أجمة
Gebüsch (n)	arāḍy el ʃogayrāt (pl)	أراضي الشجيرات
Fußweg (m)	mamarr (m)	ممرّ
Erosionsrinne (f)	wādy ḍaye' (m)	وادي ضيّق
Baum (m)	ʃagara (f)	شجرة
Blatt (n)	wara'a (f)	ورقة
Laub (n)	wara' (m)	ورق
Laubfall (m)	tasā'oṭ el awrā' (m)	تساقط الأوراق
fallen (Blätter)	saqaṭ	سقط
Wipfel (m)	ra's (m)	رأس
Zweig (m)	ɣoṣn (m)	غصن
Ast (m)	ɣoṣn ra'īsy (m)	غصن رئيسي
Knospe (f)	borʻom (m)	برعم
Nadel (f)	ʃawka (f)	شوكة
Zapfen (m)	kūz el ṣnowbar (m)	كوز الصنوبر
Höhlung (f)	gofe (m)	جوف
Nest (n)	ʻeʃ (m)	عشّ
Höhle (f)	goḥr (m)	جحر
Stamm (m)	gezʻ (m)	جذع
Wurzel (f)	gezr (m)	جذر
Rinde (f)	leḥā' (m)	لحاء
Moos (n)	ṭaḥlab (m)	طحلب
entwurzeln (vt)	eqtalaʻ	إقتلع
fällen (vt)	'aṭṭaʻ	قطّع
abholzen (vt)	azāl el ɣabāt	أزال الغابات
Baumstumpf (m)	gezʻ el ʃagara (m)	جذع الشجرة
Lagerfeuer (n)	nār moχayem (m)	نار مخيّم
Waldbrand (m)	ḥarī' ɣāba (m)	حريق غابة
löschen (vt)	ṭaffa	طفّى

Förster (m)	ḥāres el ɣāba (m)	حارس الغابة
Schutz (m)	ḥemāya (f)	حماية
beschützen (vt)	ḥama	حمى
Wilddieb (m)	sāre' el ṣeyd (m)	سارق الصيد
Falle (f)	maṣyada (f)	مصيّدة
sammeln, pflücken (vt)	gammaʿ	جمّع
sich verirren	tāh	تاه

171. natürliche Lebensgrundlagen

Naturressourcen (pl)	sarawāt ṭabiʿiya (pl)	ثروات طبيعيّة
Bodenschätze (pl)	maʿāden (pl)	معادن
Vorkommen (n)	rawāseb (pl)	رواسب
Feld (Ölfeld usw.)	ḥaql (m)	حقل
gewinnen (vt)	estaχrag	إستخرج
Gewinnung (f)	esteχrāg (m)	إستخراج
Erz (n)	χām (m)	خام
Bergwerk (n)	mangam (m)	منجم
Schacht (m)	mangam (m)	منجم
Bergarbeiter (m)	ʿāmel mangam (m)	عامل منجم
Erdgas (n)	ɣāz (m)	غاز
Gasleitung (f)	χaṭṭ anabīb ɣāz (m)	خطّ أنابيب غاز
Erdöl (n)	nafṭ (m)	نفط
Erdölleitung (f)	anabīb el nafṭ (pl)	أنابيب النفط
Ölquelle (f)	bīr el nafṭ (m)	بير النفط
Bohrturm (m)	ḥaffāra (f)	حفّارة
Tanker (m)	nāqelet betrūl (f)	ناقلة بترول
Sand (m)	raml (m)	رمل
Kalkstein (m)	ḥagar el kals (m)	حجر الكلس
Kies (m)	ḥaṣa (m)	حصى
Torf (m)	χaθ faḥm nabāty (m)	خث فحم نباتي
Ton (m)	ṭīn (m)	طين
Kohle (f)	faḥm (m)	فحم
Eisen (n)	ḥadīd (m)	حديد
Gold (n)	dahab (m)	ذهب
Silber (n)	faḍḍa (f)	فضّة
Nickel (n)	nikel (m)	نيكل
Kupfer (n)	neḥās (m)	نحاس
Zink (n)	zink (m)	زنك
Mangan (n)	manganīz (m)	منجنيز
Quecksilber (n)	ze'baq (m)	زئبق
Blei (n)	roṣāṣ (m)	رصاص
Mineral (n)	maʿdan (m)	معدن
Kristall (m)	kristāl (m)	كريستال
Marmor (m)	roχām (m)	رخام
Uran (n)	yuranuim (m)	يورانيوم

Die Erde. Teil 2

172. Wetter

Wetter (n)	ṭa's (m)	طقس
Wetterbericht (m)	naʃra gawiya (f)	نشرة جويّة
Temperatur (f)	ḥarāra (f)	حرارة
Thermometer (n)	termometr (m)	ترمومتر
Barometer (n)	barometr (m)	بارومتر
feucht	roṭob	رطب
Feuchtigkeit (f)	roṭūba (f)	رطوبة
Hitze (f)	ḥarāra (f)	حرارة
glutheiß	ḥarr	حارّ
ist heiß	el gaww ḥarr	الجّو حرّ
ist warm	el gaww dafa	الجوّ دفا
warm (Adj)	dāfe'	دافئ
ist kalt	el gaww bāred	الجوّ بارد
kalt (Adj)	bāred	بارد
Sonne (f)	ʃams (f)	شمس
scheinen (vi)	nawwar	نوّر
sonnig (Adj)	moʃmes	مشمس
aufgehen (vi)	ʃara'	شرق
untergehen (vi)	ɣarab	غرب
Wolke (f)	saḥāba (f)	سحابة
bewölkt, wolkig	meɣayem	مغيّم
Regenwolke (f)	saḥābet maṭar (f)	سحابة مطر
trüb (-er Tag)	meɣayem	مغيّم
Regen (m)	maṭar (m)	مطر
Es regnet	el donia betmaṭṭar	الدنيا بتمطّر
regnerisch (-er Tag)	momṭer	ممطر
nieseln (vi)	maṭṭaret razāz	مطّرت رذاذ
strömender Regen (m)	maṭar monhamer (f)	مطر منهمر
Regenschauer (m)	maṭar ɣazīr (m)	مطر غزير
stark (-er Regen)	ʃedīd	شديد
Pfütze (f)	berka (f)	بركة
nass werden (vi)	ettbal	إتّبل
Nebel (m)	ʃabbūra (f)	شبّورة
neblig (-er Tag)	fih ʃabbūra	فيه شبّورة
Schnee (m)	talg (m)	ثلج
Es schneit	fih talg	فيه ثلج

173. Unwetter Naturkatastrophen

Gewitter (n)	ʿāṣefa raʿdiya (f)	عاصفة رعدية
Blitz (m)	barʾ (m)	برق
blitzen (vi)	baraq	برق
Donner (m)	raʿd (m)	رعد
donnern (vi)	dawa	دوّى
Es donnert	el samāʾ dawat raʿd (f)	السماء دوّت رعد
Hagel (m)	maṭar bard (m)	مطر برد
Es hagelt	maṭṭaret bard	مطّرت برد
überfluten (vt)	ɣamar	غمر
Überschwemmung (f)	fayaḍān (m)	فيضان
Erdbeben (n)	zelzāl (m)	زلزال
Erschütterung (f)	hazza arḍiya (f)	هزّة أرضية
Epizentrum (n)	markaz el zelzāl (m)	مركز الزلزال
Ausbruch (m)	sawarān (m)	ثوّران
Lava (f)	ḥomam borkāniya (pl)	حمم بركانية
Wirbelsturm (m), Tornado (m)	eʿṣār (m)	إعصار
Taifun (m)	tyfūn (m)	طوفان
Orkan (m)	eʿṣār (m)	إعصار
Sturm (m)	ʿāṣefa (f)	عاصفة
Tsunami (m)	tsunāmy (m)	تسونامي
Zyklon (m)	eʿṣār (m)	إعصار
Unwetter (n)	ṭaʾs sayeʾ (m)	طقس سيئ
Brand (m)	ḥarīʾ (m)	حريق
Katastrophe (f)	karsa (f)	كارثة
Meteorit (m)	nayzek (m)	نيّزك
Lawine (f)	enheyār talgy (m)	إنهيار ثلجي
Schneelawine (f)	enheyār talgy (m)	إنهيار ثلجي
Schneegestöber (n)	ʿāṣefa talgiya (f)	عاصفة ثلجيّة
Schneesturm (m)	ʿāṣefa talgiya (f)	عاصفة ثلجيّة

Fauna

174. Säugetiere. Raubtiere

Raubtier (n)	moftares (m)	مفترس
Tiger (m)	nemr (m)	نمر
Löwe (m)	asad (m)	أسد
Wolf (m)	ze'b (m)	ذئب
Fuchs (m)	ta'lab (m)	ثعلب
Jaguar (m)	nemr amrīky (m)	نمر أمريكي
Leopard (m)	fahd (m)	فهد
Gepard (m)	fahd ṣayād (m)	فهد صيّاد
Panther (m)	nemr aswad (m)	نمر أسوّد
Puma (m)	asad el gebāl (m)	أسد الجبال
Schneeleopard (m)	nemr el tolūg (m)	نمر الثلوج
Luchs (m)	waʃaq (m)	وشق
Kojote (m)	qayūṭ (m)	قيوط
Schakal (m)	ebn 'āwy (m)	ابن آوى
Hyäne (f)	ḍeb' (m)	ضبع

175. Tiere in freier Wildbahn

Tier (n)	ḥayawān (m)	حيوان
Bestie (f)	waḥʃ (m)	وحش
Eichhörnchen (n)	sengāb (m)	سنجاب
Igel (m)	qonfoz (m)	قنفذ
Hase (m)	arnab barry (m)	أرنب برّي
Kaninchen (n)	arnab (m)	أرنب
Dachs (m)	ɣarīr (m)	غرير
Waschbär (m)	rakūn (m)	راكون
Hamster (m)	hamster (m)	هامستر
Murmeltier (n)	marmoṭ (m)	مرموط
Maulwurf (m)	χold (m)	خلد
Maus (f)	fār (m)	فأر
Ratte (f)	gerz (m)	جرذ
Fledermaus (f)	χoffāʃ (m)	خفّاش
Hermelin (n)	qāqem (m)	قاقم
Zobel (m)	sammūr (m)	سمّور
Marder (m)	fara'īāt (m)	فرائيات
Wiesel (n)	ebn 'ers (m)	ابن عرس
Nerz (m)	mınk (m)	منك

Biber (m)	qondos (m)	قندس
Fischotter (m)	taʿlab maya (m)	ثعلب الميّة
Pferd (n)	ḥoṣān (m)	حصان
Elch (m)	eyl el mūz (m)	أيّل الموظ
Hirsch (m)	ayl (m)	أيل
Kamel (n)	gamal (m)	جمل
Bison (m)	bison (m)	بيسون
Wisent (m)	byson orobby (m)	بيسون أوروبي
Büffel (m)	gamūs (m)	جاموس
Zebra (n)	ḥomār waḥʃy (m)	حمار وحشي
Antilope (f)	ẓaby (m)	ظبي
Reh (n)	yaḥmūr orobby (m)	يحمورأوروبيّ
Damhirsch (m)	eyl asmar orobby (m)	أيّل أسمر أوروبي
Gämse (f)	ʃamwah (f)	شاموا ه
Wildschwein (n)	χenzīr barry (m)	خنزير برّي
Wal (m)	ḥūt (m)	حوت
Seehund (m)	foqma (f)	فقمة
Walroß (n)	el kabʿ (m)	الكبع
Seebär (m)	foqmet el farāʾ (f)	فقمة الفراء
Delfin (m)	dolfīn (m)	دولفين
Bär (m)	dobb (m)	دبّ
Eisbär (m)	dobb ʾoṭṭby (m)	دبّ قطبي
Panda (m)	banda (m)	باندا
Affe (m)	ʾerd (m)	قرد
Schimpanse (m)	ʃimbanzy (m)	شيمبانزي
Orang-Utan (m)	orangutan (m)	أورنغوتان
Gorilla (m)	ɣorella (f)	غوريلا
Makak (m)	ʾerd el makāk (m)	قرد المكاك
Gibbon (m)	gibbon (m)	جيبون
Elefant (m)	fīl (m)	فيل
Nashorn (n)	χartīt (m)	خرتيت
Giraffe (f)	zarāfa (f)	زرافة
Flusspferd (n)	faras el nahr (m)	فرس النهر
Känguru (n)	kangarū (m)	كانجّارو
Koala (m)	el koala (m)	الكوالا
Manguste (f)	nems (m)	نمس
Chinchilla (n)	ʃenʃīla (f)	شنشيلة
Stinktier (n)	ẓerbān (m)	ظربان
Stachelschwein (n)	nīṣ (m)	نيص

176. Haustiere

Katze (f)	ʾoṭṭa (f)	قطّة
Kater (m)	ʾoṭṭ (m)	قطّ
Hund (m)	kalb (m)	كلب

Pferd (n)	ḥoṣān (m)	حصان
Hengst (m)	χeyl faḥl (m)	خيل فحل
Stute (f)	faras (f)	فرس
Kuh (f)	ba'ara (f)	بقرة
Stier (m)	sore (m)	ثور
Ochse (m)	sore (m)	ثور
Schaf (n)	χarūf (f)	خروف
Widder (m)	kebʃ (m)	كبش
Ziege (f)	me'za (f)	معزة
Ziegenbock (m)	mā'ez zakar (m)	ماعز ذكر
Esel (m)	ḥomār (m)	حمار
Maultier (n)	baɣl (m)	بغل
Schwein (n)	χenzīr (m)	خنزير
Ferkel (n)	χannūṣ (m)	خنّوص
Kaninchen (n)	arnab (m)	أرنب
Huhn (n)	farχa (f)	فرخة
Hahn (m)	dīk (m)	ديك
Ente (f)	baṭṭa (f)	بطّة
Enterich (m)	dakar el baṭṭ (m)	ذكر البط
Gans (f)	wezza (f)	وزّة
Puter (m)	dīk rūmy (m)	ديك رومي
Pute (f)	dīk rūmy (m)	ديك رومي
Haustiere (pl)	ḥayawānāt dawāgen (pl)	حيوانات دواجن
zahm	alīf	أليف
zähmen (vt)	rawweḍ	روّض
züchten (vt)	rabba	ربّى
Farm (f)	mazra'a (f)	مزرعة
Geflügel (n)	dawāgen (pl)	دواجن
Vieh (n)	māʃeya (f)	ماشية
Herde (f)	qaṭee' (m)	قطيع
Pferdestall (m)	esṭabl χeyl (m)	إسطبل خيل
Schweinestall (m)	ḥazīret χanazīr (f)	حظيرة الخنازير
Kuhstall (m)	zerībet el ba'ar (f)	زريبة البقر
Kaninchenstall (m)	qan el arāneb (m)	قن الأرانب
Hühnerstall (m)	qan el ferāχ (m)	قن الفراخ

177. Hunde. Hunderassen

Hund (m)	kalb (m)	كلب
Schäferhund (m)	kalb rā'y (m)	كلب رعي
Deutsche Schäferhund (m)	kalb rā'y almāny (m)	كلب راعي ألمانيّ
Pudel (m)	būdle (m)	بودل
Dachshund (m)	daʃhund (m)	داشهند
Bulldogge (f)	bulldog (m)	بولدوج

Boxer (m)	bokser (m)	بوكسر
Mastiff (m)	mastiff (m)	ماستيف
Rottweiler (m)	rottfeyler (m)	روت فايلر
Dobermann (m)	doberman (m)	دوبرمان
Basset (m)	basset (m)	باسيت
Bobtail (m)	bobtayl (m)	بوبتيل
Dalmatiner (m)	delmāṭy (m)	دلماطي
Cocker-Spaniel (m)	kokker spaniel (m)	كوكر سبانييل
Neufundländer (m)	nyu faundland (m)	نيوفاوندلاند
Bernhardiner (m)	sant bernard (m)	سانت بيرنارد
Eskimohund (m)	hasky (m)	هاسكي
Chow-Chow (m)	tʃaw tʃaw (m)	تشاوتشاو
Spitz (m)	esbitz (m)	إسبتز
Mops (m)	bug (m)	بج

178. Tierlaute

Gebell (n)	nebāḥ (m)	نباح
bellen (vi)	nabaḥ	نبح
miauen (vi)	mawmaw	موّمو
schnurren (Katze)	χarχar	خرخر
muhen (vi)	χār	خار
brüllen (Stier)	χār	خار
knurren (Hund usw.)	damdam	دمدم
Heulen (n)	ʿawāʾ (m)	عواء
heulen (vi)	ʿawa	عوى
winseln (vi)	ann	أنّ
meckern (Ziege)	maʾmaʾ	مأمأ
grunzen (vi)	qabaʿ	قبع
kreischen (vi)	qabaʿ	قبع
quaken (vi)	naʾʾ	نقّ
summen (Insekt)	ṭann	طنّ
zirpen (vi)	ʿarʿar	عرعر

179. Vögel

Vogel (m)	ṭāʾer (m)	طائر
Taube (f)	ḥamāma (f)	حمامة
Spatz (m)	ʿaṣfūr dawri (m)	عصفور دوري
Meise (f)	qarqaf (m)	قرقف
Elster (f)	ʿaʾʿaʾ (m)	عقعق
Rabe (m)	ɣorāb aswad (m)	غراب أسود
Krähe (f)	ɣorāb (m)	غراب
Dohle (f)	zāɣ zarʿy (m)	زاغ زرعي

Saatkrähe (f)	ɣorāb el qeyẓ (m)	غراب القيظ
Ente (f)	baṭṭa (f)	بطّة
Gans (f)	wezza (f)	وزّة
Fasan (m)	tadarrog (m)	تدرج
Adler (m)	ʻeqāb (m)	عقاب
Habicht (m)	el bāz (m)	الباز
Falke (m)	ṣaʼr (m)	صقر
Greif (m)	nesr (m)	نسر
Kondor (m)	kondor (m)	كندور
Schwan (m)	el temm (m)	التمّ
Kranich (m)	karkiya (m)	كركية
Storch (m)	loqloq (m)	لقلق
Papagei (m)	babaɣāʼ (m)	ببغاء
Kolibri (m)	ṭannān (m)	طنّان
Pfau (m)	ṭawūs (m)	طاووس
Strauß (m)	naʻāma (f)	نعامة
Reiher (m)	belʃone (m)	بلشون
Flamingo (m)	flamingo (m)	فلامينجو
Pelikan (m)	bagʻa (f)	بجعة
Nachtigall (f)	ʻandalīb (m)	عندليب
Schwalbe (f)	el sonūnū (m)	السنونو
Drossel (f)	somnet el ḥoqūl (m)	سمنة الحقول
Singdrossel (f)	somna moɣarreda (m)	سمنة مغرّدة
Amsel (f)	ʃaḥrūr aswad (m)	شحرور أسود
Segler (m)	semmāma (m)	سمّامة
Lerche (f)	qabra (f)	قبرة
Wachtel (f)	semmān (m)	سمّان
Specht (m)	naʼār el χaʃab (m)	نقار الخشب
Kuckuck (m)	weqwāq (m)	وقواق
Eule (f)	būma (f)	بومة
Uhu (m)	būm orāsy (m)	بوم أوراسي
Auerhahn (m)	dīk el χalang (m)	ديك الخلنج
Birkhahn (m)	ṭyhūg aswad (m)	طيهوج أسوّد
Rebhuhn (n)	el ḥagal (m)	الحجل
Star (m)	zerzūr (m)	زرزور
Kanarienvogel (m)	kanāry (m)	كناري
Haselhuhn (n)	ṭyhūg el bondoʼ (m)	طيهوج البندق
Buchfink (m)	ʃarʃūr (m)	شرشور
Gimpel (m)	deɣnāʃ (m)	دغناش
Möwe (f)	nawras (m)	نورس
Albatros (m)	el qoṭros (m)	القطرس
Pinguin (m)	beṭrīq (m)	بطريق

180. Vögel. Gesang und Laute

singen (vt)	ɣanna	غنّى
schreien (vi)	nāda	نادى
kikeriki schreien	ṣāḥ	صاح
kikeriki	kokokūko	كوكوكوكو
gackern (vi)	kāky	كاكي
krächzen (vi)	naʿaq	نعق
schnattern (Ente)	baṭbaṭ	بطبط
piepsen (vi)	ṣawṣaw	صوّصو
zwitschern (vi)	zaʾzaʾ	زقزق

181. Fische. Meerestiere

Brachse (f)	abramīs (m)	أبراميس
Karpfen (m)	ʃabbūṭ (m)	شبّوط
Barsch (m)	farχ (m)	فرخ
Wels (m)	ʾarmūṭ (m)	قرموط
Hecht (m)	karāky (m)	كراكي
Lachs (m)	salamon (m)	سلمون
Stör (m)	ḥafʃ (m)	حفش
Hering (m)	renga (f)	رنجة
atlantische Lachs (m)	salamon aṭlasy (m)	سلمون أطلسي
Makrele (f)	makerel (m)	ماكريل
Scholle (f)	samak mefalṭah (f)	سمك مفلطح
Zander (m)	samak sandar (m)	سمك سندر
Dorsch (m)	el qadd (m)	القد
Tunfisch (m)	tuna (f)	تونة
Forelle (f)	salamon meraʾʾaṭ (m)	سلمون مرقّط
Aal (m)	ḥankalīs (m)	حنكليس
Zitterrochen (m)	raʿād (m)	رعاد
Muräne (f)	moraya (f)	موراية
Piranha (m)	bīrana (f)	بيرانا
Hai (m)	ʾerʃ (m)	قرش
Delfin (m)	dolfīn (m)	دولفين
Wal (m)	ḥūt (m)	حوت
Krabbe (f)	kaboria (m)	كابوريا
Meduse (f)	ʾandīl el baḥr (m)	قنديل البحر
Krake (m)	aχṭabūṭ (m)	أخطبوط
Seestern (m)	negmet el baḥr (f)	نجمة البحر
Seeigel (m)	qonfoz el baḥr (m)	قنفذ البحر
Seepferdchen (n)	ḥoṣān el baḥr (m)	حصان البحر
Auster (f)	maḥār (m)	محار
Garnele (f)	gammbary (m)	جمّبري

Hummer (m)	estakoza (f)	استكوزا
Languste (f)	estakoza (m)	استاكوزا

182. Amphibien Reptilien

Schlange (f)	teʿbān (m)	ثعبان
Gift-, giftig	sām	سام
Viper (f)	afʿa (f)	أفعى
Kobra (f)	kobra (m)	كوبرا
Python (m)	teʿbān byton (m)	ثعبان بايثون
Boa (f)	bawāʾ el ʿaṣera (f)	بواء العاصرة
Ringelnatter (f)	teʿbān el ʿoʃb (m)	ثعبان العشب
Klapperschlange (f)	afʿa megalgela (f)	أفعى مجلجلة
Anakonda (f)	anakonda (f)	أناكوندا
Eidechse (f)	seḥliya (f)	سحليّة
Leguan (m)	eɣwana (f)	إغوانة
Waran (m)	warl (m)	ورل
Salamander (m)	salamander (m)	سلمندر
Chamäleon (n)	ḥerbāya (f)	حرباية
Skorpion (m)	ʿaʾrab (m)	عقرب
Schildkröte (f)	solḥefah (f)	سلحفاة
Frosch (m)	ḍeffḍaʿ (m)	ضفدع
Kröte (f)	ḍeffḍaʿ el ṭeyn (m)	ضفدع الطين
Krokodil (n)	temsāḥ (m)	تمساح

183. Insekten

Insekt (n)	ḥaʃara (f)	حشرة
Schmetterling (m)	farāʃa (f)	فراشة
Ameise (f)	namla (f)	نملة
Fliege (f)	debbāna (f)	دبّانة
Mücke (f)	namūsa (f)	ناموسة
Käfer (m)	χonfesa (f)	خنفسة
Wespe (f)	dabbūr (m)	دبّور
Biene (f)	naḥla (f)	نحلة
Hummel (f)	naḥla ṭannāna (f)	نحلة طنّانة
Bremse (f)	naʿra (f)	نعرة
Spinne (f)	ʿankabūt (m)	عنكبوت
Spinnennetz (n)	nasīg ʿankabūt (m)	نسيج عنكبوت
Libelle (f)	yaʿsūb (m)	يعسوب
Grashüpfer (m)	garād (m)	جراد
Schmetterling (m)	ʿetta (f)	عثّة
Schabe (f)	ṣarṣūr (m)	صرصور
Zecke (f)	qarāda (f)	قرادة

Floh (m)	barɣūt (m)	برغوث
Kriebelmücke (f)	ba'ūḍa (f)	بعوضة
Heuschrecke (f)	garād (m)	جراد
Schnecke (f)	ḥalazōn (m)	حلزون
Heimchen (n)	ṣarṣūr el ḥaql (m)	صرصور الحقل
Leuchtkäfer (m)	yarā'a (f)	يراعة
Marienkäfer (m)	χonfesa mena'ṭṭa (f)	خنفسة منقّطة
Maikäfer (m)	χonfesa motlefa lel nabāt (f)	خنفسة متّلفة للنبات
Blutegel (m)	'alaqa (f)	علقة
Raupe (f)	yasrū' (m)	يسروع
Wurm (m)	dūda (f)	دودة
Larve (f)	yaraqa (f)	يرقة

184. Tiere. Körperteile

Schnabel (m)	monqār (m)	منقار
Flügel (pl)	agneḥa (pl)	أجنحة
Fuß (m)	regl (f)	رجل
Gefieder (n)	rīʃ (m)	ريش
Feder (f)	rīʃa (f)	ريشة
Haube (f)	'orf el dīk (m)	عرف الديك
Kiemen (pl)	χāyaʃīm (pl)	خياشيم
Laich (m)	beyḍ el samak (pl)	بيض السمك
Larve (f)	yaraqa (f)	يرقة
Flosse (f)	za'nafa (f)	زعنفة
Schuppe (f)	ḥarāfeʃ (pl)	حرافش
Stoßzahn (m)	nāb (m)	ناب
Pfote (f)	yad (f)	يد
Schnauze (f)	χaṭm (m)	خطم
Rachen (m)	bo' (m)	بوء
Schwanz (m)	deyl (m)	ذيل
Barthaar (n)	ʃawāreb (pl)	شوارب
Huf (m)	ḥāfer (m)	حافر
Horn (n)	'arn (m)	قرن
Panzer (m)	der' (m)	درع
Muschel (f)	maḥāra (f)	محارة
Schale (f)	'eʃret beyḍa (f)	قشرة بيضة
Fell (n)	ʃa'r (m)	شعر
Haut (f)	geld (m)	جلد

185. Tiere. Lebensräume

Lebensraum (f)	mawṭen (m)	موطن
Wanderung (f)	hegra (f)	هجرة
Berg (m)	gabal (m)	جبل

Riff (n)	ʃo'āb (pl)	شعاب
Fels (m)	garf (m)	جرف
Wald (m)	ɣāba (f)	غابة
Dschungel (m, n)	adɣāl (pl)	أدغال
Savanne (f)	savanna (f)	سافانّا
Tundra (f)	tundra (f)	تندرا
Steppe (f)	barāry (pl)	براري
Wüste (f)	ṣaḥra' (f)	صحراء
Oase (f)	wāḥa (f)	واحة
Meer (n), See (f)	baḥr (m)	بحر
See (m)	boḥeyra (f)	بحيرة
Ozean (m)	moḥīṭ (m)	محيط
Sumpf (m)	mostanqa' (m)	مستنقع
Süßwasser-	maya 'azba	ميّة عذبة
Teich (m)	berka (f)	بركة
Fluss (m)	nahr (m)	نهر
Höhle (f), Bau (m)	wekr (m)	وكر
Nest (n)	'eʃ (m)	عشّ
Höhlung (f)	gofe (m)	جوف
Loch (z.B. Wurmloch)	goḥr (m)	جحر
Ameisenhaufen (m)	'eʃ naml (m)	عش نمل

Flora

186. Bäume

Baum (m)	ʃagara (f)	شجرة
Laub-	nafḍiya	نفضيّة
Nadel-	ṣonoberiya	صنوبرية
immergrün	dā'emet el χoḍra	دائمة الخضرة
Apfelbaum (m)	ʃagaret toffāḥ (f)	شجرة تفّاح
Birnbaum (m)	ʃagaret komettra (f)	شجرة كمثّرى
Kirschbaum (m)	ʃagaret karaz (f)	شجرة كرز
Pflaumenbaum (m)	ʃagaret bar'ū' (f)	شجرة برقوق
Birke (f)	batola (f)	بتولا
Eiche (f)	ballūṭ (f)	بلّوط
Linde (f)	zayzafūn (f)	زيزفون
Espe (f)	ḥūr rāgef	حور راجف
Ahorn (m)	qayqab (f)	قيقب
Fichte (f)	rateng (f)	راتينج
Kiefer (f)	ṣonober (f)	صنوبر
Lärche (f)	arziya (f)	أرزية
Tanne (f)	tanūb (f)	تنوب
Zeder (f)	el orz (f)	الأرز
Pappel (f)	ḥūr (f)	حور
Vogelbeerbaum (m)	ɣobayrā' (f)	غبيراء
Weide (f)	ṣefsāf (f)	صفصاف
Erle (f)	gār el mā' (m)	جار الماء
Buche (f)	el zān (f)	الزان
Ulme (f)	derdar (f)	دردار
Esche (f)	marān (f)	مران
Kastanie (f)	kastanā' (f)	كستناء
Magnolie (f)	maɣnolia (f)	ماغنوليا
Palme (f)	naχla (f)	نخلة
Zypresse (f)	el soro (f)	السرو
Mangrovenbaum (m)	mangrūf (f)	مانجروف
Baobab (m)	baobab (f)	باوباب
Eukalyptus (m)	eukalyptus (f)	أوكالبتوس
Mammutbaum (m)	sequoia (f)	سيكويا

187. Büsche

Strauch (m)	ʃogeyra (f)	شجيرة
Gebüsch (n)	ʃogayrāt (pl)	شجيرات

Weinstock (m)	karma (f)	كرمة
Weinberg (m)	karam (m)	كرم
Himbeerstrauch (m)	zar'et tūt el 'alī' el aḥmar (f)	زرعة توت العليق الأحمر
rote Johannisbeere (f)	keʃmeʃ aḥmar (m)	كشمش أحمر
Stachelbeerstrauch (m)	'enab el sa'lab (m)	عنب الثعلب
Akazie (f)	aqaqia (f)	أقاقيا
Berberitze (f)	berbarīs (m)	بربارِيس
Jasmin (m)	yasmīn (m)	ياسمين
Wacholder (m)	'ar'ar (m)	عرعر
Rosenstrauch (m)	ʃogeyret ward (f)	شجيرة ورد
Heckenrose (f)	ward el seyāg (pl)	ورد السياج

188. Pilze

Pilz (m)	feṭr (f)	فطر
essbarer Pilz (m)	feṭr ṣāleḥ lel akl (m)	فطر صالح للأكل
Giftpilz (m)	feṭr sām (m)	فطر سام
Hut (m)	ṭarbūʃ el feṭr (m)	طربوش الفطر
Stiel (m)	sāq el feṭr (m)	ساق الفطر
Steinpilz (m)	feṭr boleṭe ma'kūl (m)	فطر بوليط مأكول
Rotkappe (f)	feṭr aḥmar (m)	فطر أحمر
Birkenpilz (m)	feṭr boleṭe (m)	فطر بوليط
Pfifferling (m)	feṭr ol ʃanterel (m)	فطر الشانتريل
Täubling (m)	feṭr russula (m)	فطر روسولا
Morchel (f)	feṭr el ɣoʃna (m)	فطر الغوشنة
Fliegenpilz (m)	feṭr amanīt el ṭā'er (m)	فطر أمانيت الطائر
Grüner Knollenblätterpilz	feṭr amanīt falusyāny el sām (m)	فطر أمانيت فالوسياني السام

189. Obst. Beeren

Frucht (f)	tamra (f)	تمرة
Früchte (pl)	tamr (m)	تمر
Apfel (m)	toffāḥa (f)	تفّاحة
Birne (f)	komettra (f)	كمّثرى
Pflaume (f)	bar'ū' (m)	برقوق
Erdbeere (f)	farawla (f)	فراولة
Kirsche (f)	karaz (m)	كرز
Weintrauben (pl)	'enab (m)	عنب
Himbeere (f)	tūt el 'alī' el aḥmar (m)	توت العليق الأحمر
schwarze Johannisbeere (f)	keʃmeʃ aswad (m)	كشمش أسود
rote Johannisbeere (f)	keʃmeʃ aḥmar (m)	كشمش أحمر
Stachelbeere (f)	'enab el sa'lab (m)	عنب الثعلب
Moosbeere (f)	'enabiya ḥāda el χobā' (m)	عنبية حادة الخباء
Apfelsine (f)	bortoqāl (m)	برتقال

Mandarine (f)	yosfy (m)	يوسفي
Ananas (f)	ananās (m)	أناناس
Banane (f)	moze (m)	موز
Dattel (f)	tamr (m)	تمر
Zitrone (f)	lymūn (m)	ليمون
Aprikose (f)	meʃmeʃ (f)	مشمش
Pfirsich (m)	χawχa (f)	خوخة
Kiwi (f)	kiwi (m)	كيوي
Grapefruit (f)	grabe frūt (m)	جريب فروت
Beere (f)	tūt (m)	توت
Beeren (pl)	tūt (pl)	توت
Preiselbeere (f)	ʿenab el sore (m)	عنب الثور
Walderdbeere (f)	farawla barriya (f)	فراولة بريّة
Heidelbeere (f)	ʿenab al aḥrāg (m)	عنب الأحراج

190. Blumen. Pflanzen

Blume (f)	zahra (f)	زهرة
Blumenstrauß (m)	bokeyh (f)	بوكيه
Rose (f)	warda (f)	وردة
Tulpe (f)	tolīb (f)	توليب
Nelke (f)	ʾoronfol (m)	قرنفل
Gladiole (f)	el dalbūs (f)	الدّلبُوث
Kornblume (f)	qanṭeryūn ʿanbary (m)	قنطريون عنبري
Glockenblume (f)	garīs mostadīr el awrāʾ (m)	جريس مستدير الأوراق
Löwenzahn (m)	handabāʾ (f)	هندباء
Kamille (f)	kamomile (f)	كاموميل
Aloe (f)	el alowa (m)	الألوّة
Kaktus (m)	ṣabbār (m)	صبّار
Gummibaum (m)	faykas (m)	فيكس
Lilie (f)	zanbaq (f)	زنبق
Geranie (f)	γarnūqy (f)	غرنوقي
Hyazinthe (f)	el lavender (f)	اللافندر
Mimose (f)	mimoza (f)	ميموزا
Narzisse (f)	nerges (f)	نرجس
Kapuzinerkresse (f)	abo χangar (f)	أبو خنجر
Orchidee (f)	orkid (f)	أوركيد
Pfingstrose (f)	fawnia (f)	فاوانيا
Veilchen (n)	el banafseg (f)	البنفسج
Stiefmütterchen (n)	bansy (f)	بانسي
Vergissmeinnicht (n)	ʾāzān el faʾr (pl)	آذان الفأر
Gänseblümchen (n)	aqwaḥān (f)	أقحوان
Mohn (m)	el χoʃχāʃ (f)	الخشخاش
Hanf (m)	qanb (m)	قنب

Minze (f)	neʿnāʿ (m)	نعناع
Maiglöckchen (n)	zanbaq el wādy (f)	زنبق الوادي
Schneeglöckchen (n)	zahrat el laban (f)	زهرة اللبن
Brennnessel (f)	ʾarrāṣ (m)	قرّاص
Sauerampfer (m)	ḥammāḍ bostāny (m)	حمّاض بستاني
Seerose (f)	niloferiya (f)	نيلوفرية
Farn (m)	sarχas (m)	سرخس
Flechte (f)	aʃna (f)	أشنة
Gewächshaus (n)	ṣoba (f)	صوبة
Rasen (m)	ʿoʃb aχḍar (m)	عشب أخضر
Blumenbeet (n)	geneynet zohūr (f)	جنينة زهور
Pflanze (f)	nabāt (m)	نبات
Gras (n)	ʿoʃb (m)	عشب
Grashalm (m)	ʿoʃba (f)	عشبة
Blatt (n)	waraʾa (f)	ورقة
Blütenblatt (n)	waraʾet el zahra (f)	ورقة الزهرة
Stiel (m)	sāq (f)	ساق
Knolle (f)	darna (f)	درنة
Jungpflanze (f)	nabta saɣīra (f)	نبتة صغيرة
Dorn (m)	ʃawka (f)	شوكة
blühen (vi)	fattaḥet	فتّحت
welken (vi)	debel	ذبل
Geruch (m)	rīḥa (f)	ريحة
abschneiden (vt)	ʾataʿ	قطع
pflücken (vt)	ʾaṭaf	قطف

191. Getreide, Körner

Getreide (n)	ḥobūb (pl)	حبوب
Getreidepflanzen (pl)	maḥaṣīl el ḥubūb (pl)	محاصيل الحبوب
Ähre (f)	sonbola (f)	سنبلة
Weizen (m)	ʾamḥ (m)	قمح
Roggen (m)	ʃelm mazrūʿ (m)	شيلم مزروع
Hafer (m)	ʃofān (m)	شوفان
Hirse (f)	el deχn (m)	الدُخن
Gerste (f)	ʃeʿīr (m)	شعير
Mais (m)	dora (f)	ذرة
Reis (m)	rozz (m)	رز
Buchweizen (m)	ḥanṭa sodaʾ (f)	حنطة سوداء
Erbse (f)	besella (f)	بسلّة
weiße Bohne (f)	faṣolya (f)	فاصوليا
Sojabohne (f)	fūl el ṣoya (m)	فول الصويا
Linse (f)	ʿads (m)	عدس
Bohnen (pl)	fūl (m)	فول

REGIONALE GEOGRAPHIE

Länder. Nationalitäten

192. Politik. Regierung. Teil 1

Politik (f)	seyāsa (f)	سياسة
politisch	seyāsy	سياسي
Politiker (m)	seyāsy (m)	سياسي
Staat (m)	dawla (f)	دولة
Bürger (m)	mowāṭen (m)	مواطن
Staatsbürgerschaft (f)	mewaṭna (f)	مواطنة
Staatswappen (n)	ʃeʿār waṭany (m)	شعار وطني
Nationalhymne (f)	naʃīd waṭany (m)	نشيد وطني
Regierung (f)	ḥokūma (f)	حكومة
Staatschef (m)	raʾs el dawla (m)	رأس الدولة
Parlament (n)	barlamān (m)	برلمان
Partei (f)	ḥezb (m)	حزب
Kapitalismus (m)	raʾsmaliya (f)	رأسماليّة
kapitalistisch	raʾsmāly	رأسمالي
Sozialismus (m)	eʃterakiya (f)	إشتراكيّة
sozialistisch	eʃterāky	إشتراكي
Kommunismus (m)	ʃeyūʿiya (f)	شيوعيّة
kommunistisch	ʃeyūʿy	شيوعي
Kommunist (m)	ʃeyūʿy (m)	شيوعي
Demokratie (f)	dīmoqraṭiya (f)	ديموقراطيّة
Demokrat (m)	demoqrāṭy (m)	ديموقراطي
demokratisch	demoqrāṭy	ديموقراطي
demokratische Partei (f)	el ḥezb el demokrāṭy (m)	الحزب الديموقراطي
Liberale (m)	librāly (m)	ليبرالي
liberal	librāly	ليبرالي
Konservative (m)	moḥāfeẓ (m)	محافظ
konservativ	moḥāfeẓ	محافظ
Republik (f)	gomhoriya (f)	جمهورية
Republikaner (m)	gomhūry (m)	جمهوري
Republikanische Partei (f)	el ḥezb el gomhūry (m)	الحزب الجمهوري
Wahlen (pl)	entaχabāt (pl)	إنتخابات
wählen (vt)	entaχab	إنتخب
Wähler (m)	nāχeb (m)	ناخب

Wahlkampagne (f)	ḥamla enteχabiya (f)	حملة إنتخابيّة
Abstimmung (f)	taṣwīt (m)	تصويت
abstimmen (vi)	ṣawwat	صوّت
Abstimmungsrecht (n)	ḥa' el enteχāb (m)	حق الإنتخاب
Kandidat (m)	morasʃaḥ (m)	مرشّح
kandidieren (vi)	rasʃaḥ nafsoh	رشّح نفسه
Kampagne (f)	ḥamla (f)	حملة
Oppositions-	mo'āreḍ	معارض
Opposition (f)	mo'arḍa (f)	معارضة
Besuch (m)	zeyāra (f)	زيارة
Staatsbesuch (m)	zeyāra rasmiya (f)	زيارة رسميّة
international	dawly	دوّلي
Verhandlungen (pl)	mofawḍāt (pl)	مفاوضات
verhandeln (vi)	tafāwaḍ	تفاوض

193. Politik. Regierung. Teil 2

Gesellschaft (f)	mogtama' (m)	مجتمع
Verfassung (f)	dostūr (m)	دستور
Macht (f)	solṭa (f)	سلطة
Korruption (f)	fasād (m)	فساد
Gesetz (n)	qanūn (m)	قانون
gesetzlich (Adj)	qanūny	قانوني
Gerechtigkeit (f)	'adāla (f)	عدالة
gerecht	'ādel	عادل
Komitee (n)	lagna (f)	لجنة
Gesetzentwurf (m)	maʃrū' qanūn (m)	مشروع قانون
Budget (n)	mowazna (f)	موازنة
Politik (f)	seyāsa (f)	سياسة
Reform (f)	eṣlāḥ (m)	إصلاح
radikal	oṣūly	أصولي
Macht (f)	'owwa (f)	قوّة
mächtig (Adj)	'awy	قوّي
Anhänger (m)	mo'ayed (m)	مؤيد
Einfluss (m)	ta'sīr (m)	تأثير
Regime (n)	nezām ḥokm (m)	نظام حكم
Konflikt (m)	χelāf (m)	خلاف
Verschwörung (f)	mo'amra (f)	مؤامرة
Provokation (f)	estefzāz (m)	إستفزاز
stürzen (vt)	asqaṭ	أسقط
Sturz (m)	esqāṭ (m)	إسقاط
Revolution (f)	sawra (f)	ثوّرة
Staatsstreich (m)	enqelāb (m)	إنقلاب
Militärputsch (m)	enqelāb 'askary (m)	إنقلاب عسكري

Krise (f)	azma (f)	أزمة
Rezession (f)	rokūd eqteṣādy (m)	ركود إقتصادي
Demonstrant (m)	motaẓāher (m)	متظاهر
Demonstration (f)	mozahra (f)	مظاهرة
Ausnahmezustand (m)	ḥokm ʿorfy (m)	حكم عرفي
Militärbasis (f)	qaʿeda ʿaskariya (f)	قاعدة عسكريّة
Stabilität (f)	esteqrār (m)	إستقرار
stabil	mostaqerr	مستقرّ
Ausbeutung (f)	esteɣlāl (m)	إستغلال
ausbeuten (vt)	estaɣall	إستغلّ
Rassismus (m)	ʿonṣoriya (f)	عنصريّة
Rassist (m)	ʿonṣory (m)	عنصري
Faschismus (m)	faʃiya (f)	فاشيّة
Faschist (m)	fāʃy (m)	فاشي

194. Länder. Verschiedenes

Ausländer (m)	agnaby (m)	أجنبي
ausländisch	agnaby	أجنبي
im Ausland	fel χāreg	في الخارج
Auswanderer (m)	mohāger (m)	مهاجر
Auswanderung (f)	hegra (f)	هجرة
auswandern (vi)	hāgar	هاجر
Westen (m)	el ɣarb (m)	الغرب
Osten (m)	el ʃarʾ (m)	الشرق
Ferner Osten (m)	el ʃarʾ el aqṣa (m)	الشرق الأقصى
Zivilisation (f)	ḥaḍāra (f)	حضارة
Menschheit (f)	el baʃariya (f)	البشريّة
Welt (f)	el ʿālam (m)	العالم
Frieden (m)	salām (m)	سلام
Welt-	ʿālamy	عالمي
Heimat (f)	waṭan (m)	وطن
Volk (n)	ʃaʿb (m)	شعب
Bevölkerung (f)	sokkān (pl)	سكّان
Leute (pl)	nās (pl)	ناس
Nation (f)	omma (f)	أمّة
Generation (f)	gīl (m)	جيل
Territorium (n)	arḍ (f)	أرض
Region (f)	manteʾa (f)	منطقة
Staat (z.B. ~ Alaska)	welāya (f)	ولاية
Tradition (f)	taʾlīd (m)	تقليد
Brauch (m)	ʿāda (f)	عادة
Ökologie (f)	ʿelm el bīʾa (m)	علم البيئة
Indianer (m)	hendy aḥmar (m)	هندي أحمر
Zigeuner (m)	ɣagary (m)	غجري

Zigeunerin (f)	ɣagariya (f)	غجريّة
Zigeuner-	ɣagary	غجري
Reich (n)	embraṭoriya (f)	إمبراطورية
Kolonie (f)	mostaʿmara (f)	مستعمرة
Sklaverei (f)	ʿobūdiya (f)	عبودية
Einfall (m)	ɣazw (m)	غزو
Hunger (m)	magāʿa (f)	مجاعة

195. Wichtige Religionsgruppen. Konfessionen

Religion (f)	dīn (m)	دين
religiös	dīny	ديني
Glaube (m)	emān (m)	إيمان
glauben (vt)	aman	أمن
Gläubige (m)	mo'men (m)	مؤمن
Atheismus (m)	el elḥād (m)	الإلحاد
Atheist (m)	molḥed (m)	ملحد
Christentum (n)	el masīḥiya (f)	المسيحيّة
Christ (m)	mesīḥy (m)	مسيحي
christlich	mesīḥy	مسيحي
Katholizismus (m)	el kasolekiya (f)	الكاثوليكيّة
Katholik (m)	kasolīky (m)	كاثوليكي
katholisch	kasolīky	كاثوليكي
Protestantismus (m)	brotestantiya (f)	بروتستانتية
Protestantische Kirche (f)	el kenīsa el brotestantiya (f)	الكنيسة البروتستانتية
Protestant (m)	brotestanty (m)	بروتستانتي
Orthodoxes Christentum (n)	orsozeksiya (f)	الأرثوذكسيّة
Orthodoxe Kirche (f)	el kenīsa el orsozeksiya (f)	الكنيسة الأرثوذكسيّة
orthodoxer Christ (m)	arsazoksy (m)	أرثوذكسي
Presbyterianismus (m)	maʃiχiya (f)	مشيخية
Presbyterianische Kirche (f)	el kenīsa el maʃiχiya (f)	الكنيسة المشيخية
Presbyterianer (m)	maʃiχiya (f)	مشيخية
Lutherische Kirche (f)	el luseriya (f)	اللوثرية
Lutheraner (m)	luterriya (m)	لوثرية
Baptismus (m)	el kenīsa el meʿmedaniya (f)	الكنيسة المعمدانية
Baptist (m)	meʿmedāny (m)	معمداني
Anglikanische Kirche (f)	el kenīsa el anʒlekaniya (f)	الكنيسة الإنجليكانية
Anglikaner (m)	enʒelikāny (m)	أنجليكاني
Mormonismus (m)	el moromoniya (f)	المورمونية
Mormone (m)	mesīḥy mormōn (m)	مسيحي مرمون
Judentum (n)	el yahūdiya (f)	اليهودية
Jude (m)	yahūdy (m)	يهودي

Buddhismus (m)	el būziya (f)	البوذية
Buddhist (m)	būzy (m)	بوذي
Hinduismus (m)	el hindūsiya (f)	الهندوسية
Hindu (m)	hendūsy (m)	هندوسي
Islam (m)	el islām (m)	الإسلام
Moslem (m)	muslim (m)	مسلم
moslemisch	islāmy	إسلامي
Schiismus (m)	el mazhab el ʃeeʿy (m)	المذهب الشيعي
Schiit (m)	ʃeeʿy (m)	شيعي
Sunnismus (m)	el mazhab el sunny (m)	المذهب السنّي
Sunnit (m)	sunni (m)	سنّي

196. Religionen. Priester

Priester (m)	kāhen (m)	كاهن
Papst (m)	el bāba (m)	البابا
Mönch (m)	rāheb (m)	راهب
Nonne (f)	rāheba (f)	راهبة
Pfarrer (m)	ʾessīs (m)	قسّيس
Abt (m)	raʾīs el deyr (m)	رئيس الدير
Vikar (m)	viqār (m)	فيقار
Bischof (m)	asqof (m)	أسقف
Kardinal (m)	kardinal (m)	كاردينال
Prediger (m)	mobasʃer (m)	مبشّر
Predigt (f)	tabʃīr (f)	تبشير
Gemeinde (f)	raʿyet el abraʃiya (f)	رعية الأبرشية
Gläubige (m)	moʾmen (m)	مؤمن
Atheist (m)	molḥed (m)	ملحد

197. Glauben. Christentum. Islam

Adam	ʾādam (m)	آدم
Eva	ḥawwāʾ (f)	حوّاء
Gott (m)	allah (m)	الله
Herr (m)	el rabb (m)	الربّ
Der Allmächtige	el qadīr (m)	القدير
Sünde (f)	zanb (m)	ذنب
sündigen (vi)	aznab	أذنب
Sünder (m)	mozneb (m)	مذنب
Sünderin (f)	mozneba (f)	مذنبة
Hölle (f)	el gaḥīm (f)	الجحيم
Paradies (n)	el ganna (f)	الجنّة

Jesus	yasūʿ (m)	يسوع
Jesus Christus	yasūʿ el masīḥ (m)	يسوع المسيح
der Heiliger Geist	el rūḥ el qods (m)	الروح القدس
der Erlöser	el masīḥ (m)	المسيح
die Jungfrau Maria	maryem el ʿazrāʾ (f)	مريم العذراء
Teufel (m)	el ʃayṭān (m)	الشيطان
teuflisch	ʃeyṭāny	شيطاني
Satan (m)	el ʃayṭān (m)	الشيطان
satanisch	ʃeyṭāny	شيطاني
Engel (m)	malāk (m)	ملاك
Schutzengel (m)	malāk ḥāres (m)	ملاك حارس
Engel(s)-	malāʾeky	ملائكي
Apostel (m)	rasūl (m)	رسول
Erzengel (m)	el malāk el raʾīsy (m)	الملاك الرئيسي
Antichrist (m)	el masīḥ el daggāl (m)	المسيح الدجّال
Kirche (f)	el kenīsa (f)	الكنيسة
Bibel (f)	el ketāb el moqaddas (m)	الكتاب المقدّس
biblisch	tawrāty	توراتي
Altes Testament (n)	el ʿaḥd el ʾadīm (m)	العهد القديم
Neues Testament (n)	el ʿaḥd el gedīd (m)	العهد الجديد
Evangelium (n)	engīl (m)	إنجيل
Heilige Schrift (f)	el ketāb el moqaddas (m)	الكتاب المقدّس
Himmelreich (n)	el ganna (f)	الجنّة
Gebot (n)	waṣiya (f)	وصيّة
Prophet (m)	naby (m)	نبي
Prophezeiung (f)	nobūʾa (f)	نبوءة
Allah	allah (m)	الله
Mohammed	moḥammed (m)	محمّد
Koran (m)	el qorʾān (m)	القرآن
Moschee (f)	masged (m)	مسجد
Mullah (m)	mullah (m)	ملا
Gebet (n)	ṣalāh (f)	صلاة
beten (vi)	ṣalla	صلّى
Wallfahrt (f)	ḥagg (m)	حج
Pilger (m)	ḥagg (m)	حاج
Mekka (n)	makka el mokarrama (f)	مكة المكرّمة
Kirche (f)	kenīsa (f)	كنيسة
Tempel (m)	maʿbad (m)	معبد
Kathedrale (f)	katedraʾiya (f)	كاتدرائية
gotisch	qūṭy	قوطي
Synagoge (f)	kenīs (m)	كنيس
Moschee (f)	masged (m)	مسجد
Kapelle (f)	kenīsa saɣīra (f)	كنيسة صغيرة
Abtei (f)	deyr (m)	دير

Nonnenkloster (n)	deyr (m)	دير
Mönchskloster (n)	deyr (m)	دير
Glocke (f)	garas (m)	جرس
Glockenturm (m)	borg el garas (m)	برج الجرس
läuten (Glocken)	da''	دقّ
Kreuz (n)	ṣalīb (m)	صليب
Kuppel (f)	'obba (f)	قبّة
Ikone (f)	ramz (m)	رمز
Seele (f)	nafs (f)	نفس
Schicksal (n)	maṣīr (m)	مصير
das Böse	ʃarr (m)	شرّ
Gute (n)	χeyr (m)	خير
Vampir (m)	maṣṣāṣ demā' (m)	مصّاص دماء
Hexe (f)	sāḥera (f)	ساحرة
Dämon (m)	ʃeṭān (m)	شيطان
Geist (m)	roḥe (m)	روح
Sühne (f)	takfīr (m)	تكفير
sühnen (vt)	kaffar ʿan	كفّر عن
Gottesdienst (m)	qedās (m)	قداس
die Messe lesen	'ām be χedma dīniya	قام بخدمة دينية
Beichte (f)	eʿterāf (m)	إعتراف
beichten (vi)	eʿtaraf	إعترف
Heilige (m)	qeddīs (m)	قدّيس
heilig	moqaddas (m)	مقدّس
Weihwasser (n)	maya moqaddesa (f)	ماية مقدّسة
Ritual (n)	ʃaʿā'er (pl)	شعائر
rituell	ʃaʿā'ery	شعائري
Opfer (n)	zabīḥa (f)	ذبيحة
Aberglaube (m)	χorāfa (f)	خرافة
abergläubisch	mo'men bel χorafāt (m)	مؤمن بالخرافات
Nachleben (n)	aχra (f)	الآخرة
ewiges Leben (n)	ḥayat el abadiya (f)	حياة الأبدية

VERSCHIEDENES

198. Verschiedene nützliche Wörter

Anfang (m)	bedāya (f)	بداية
Anstrengung (f)	mag-hūd (m)	مجهود
Anteil (m)	goz' (m)	جزء
Art (Typ, Sorte)	nū' (m)	نوع
Auswahl (f)	eχteyār (m)	إختيار
Barriere (f)	ḥāgez (m)	حاجز
Basis (f)	asās (m)	أساس
Beispiel (n)	mesāl (m)	مثال
bequem (gemütlich)	morīḥ	مريح
Bilanz (f)	tawāzon (m)	توازن
Ding (n)	ḥāga (f)	حاجة
dringend (Adj)	mesta'gel	مستعجل
dringend (Adv)	be ʃakl 'āgel	بشكل عاجل
Effekt (m)	ta'sīr (m)	تأثير
Eigenschaft (Werkstoff~)	χaṣṣa (f)	خاصّة
Element (n)	'onṣor (m)	عنصر
Ende (n)	nehāya (f)	نهاية
Entwicklung (f)	tanmeya (f)	تنمية
Fachwort (n)	moṣṭalaḥ (m)	مصطلح
Fehler (m)	χaṭa' (m)	خطأ
Form (z.B. Kugel-)	ʃakl (m)	شكل
Fortschritt (m)	ta'addom (m)	تقدّم
Gegenstand (m)	mawḍū' (m)	موضوع
Geheimnis (n)	serr (m)	سرّ
Grad (Ausmaß)	daraga (f)	درجة
Halt (m), Pause (f)	estrāḥa (f)	إستراحة
häufig (Adj)	motakarrer (m)	متكرّر
Hilfe (f)	mosa'da (f)	مساعدة
Hindernis (n)	'aqaba (f)	عقبة
Hintergrund (m)	χalefiya (f)	خلفية
Ideal (n)	mesāl (m)	مثال
Kategorie (f)	fe'a (f)	فئة
Kompensation (f)	ta'wīḍ (m)	تعويض
Labyrinth (n)	matāha (f)	متاهة
Lösung (Problem usw.)	ḥall (m)	حلّ
Moment (m)	laḥza (f)	لحظة
Nutzen (m)	manf'a (f)	منفعة
Original (Schriftstück)	aṣl (m)	أصل
Pause (kleine ~)	estrāḥa (f)	إستراحة

Position (f)	mawqef (m)	موّقف
Prinzip (n)	mabda' (m)	مبدأ
Problem (n)	moʃkela (f)	مشكلة
Prozess (m)	ʿamaliya (f)	عمليّة
Reaktion (f)	radd feʿl (m)	ردّ فعل
Reihe (Sie sind an der ~)	dore (m)	دور
Risiko (n)	moχaṭra (f)	مخاطرة
Serie (f)	selsela (f)	سلسلة
Situation (f)	ḥāla (f), waḍʿ (m)	حالة, وضع
Standard-	ʿādy -qeyāsy	عادي, قياسي
Standard (m)	ʾeyās (m)	قياس
Stil (m)	oslūb (m)	أسلوب
System (n)	nezām (m)	نظام
Tabelle (f)	gadwal (m)	جدوّل
Tatsache (f)	ḥaʾīʾa (f)	حقيقة
Teilchen (n)	gozʾ (m)	جزء
Tempo (n)	eqāʿ (m)	إيقاع
Typ (m)	nūʿ (m)	نوع
Unterschied (m)	farʾ (m)	فرق
Ursache (z.B. Todes-)	sabab (m)	سبب
Variante (f)	ʃakl moχtalef (m)	شكل مختلف
Vergleich (m)	moqarna (f)	مقارنة
Wachstum (n)	nomoww (m)	نموّ
Wahrheit (f)	ḥaʾīʾa (f)	حقيقة
Weise (Weg, Methode)	ṭarīʾa (f)	طريقة
Zone (f)	manteʾa (f)	منطقة
Zufall (m)	ṣodfa (f)	صدّفة

www.ingramcontent.com/pod-product-compliance
Lightning Source LLC
LaVergne TN
LVHW051345080426
835509LV00020BA/3286

9781787167599